行政院文化部（原新聞局）國民中小學優良課外讀物
第 40 次推薦（人文社科類）

天下雜誌教育基金會「希望閱讀計畫」國中推薦

親愛的朋友，邀請您一同參與重建生命的美好工程，如有感動請不吝嗇給予鼓勵，謝謝您。

匯款／銀行：渣打國際商業銀行 三民分行（052-0199）
戶名：財團法人基督教更生團契桃園市私立少年之家
帳號：03453000682522
劃撥／戶名：財團法人基督教更生團契桃園市私立少年之家
郵政劃撥：19571551
或撥打聯絡電話 (03)3656707 轉 2221，由專人為您服務。

桃園少年之家

張進益紛絲團

大改樂團

遺失男孩 Lost Boys

▲從小和哥哥（左）的感情非常好。

◀因為和哥哥同月同日生，每年都可以一起慶祝生日。

▼攝於國中時，這是我人生的第一套西裝。

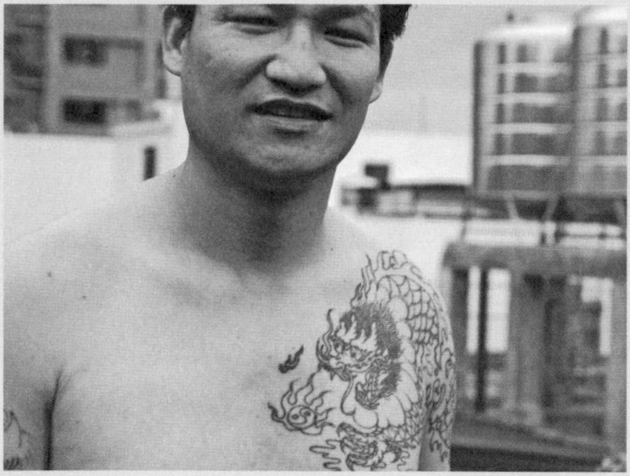

▲回首年少的我，真是一段荒唐青春。（左圖 GOOD TV提供）

臺灣嘉義監獄假釋證明書

監假證字第[illegible]號

假釋人姓名	張進益
性別	男
年齡	[redacted]歲 [redacted]年月日
籍貫	[redacted]縣市
住址	[redacted]縣市[redacted]鄉鎮區[redacted]村里[redacted]路街段巷弄 64之[redacted]號
罪名	煙毒罪
刑名刑期	[redacted]年[redacted]月8日
未執行殘刑	[redacted]年[redacted]月[redacted]日
假釋期間	自[redacted]年[redacted]月5日 至[redacted]年1月33日

右列受刑人在本監執行期中，行狀善良，悛悔有據，符合假釋條件。經報奉　法務部[redacted]年1月20日法（[redacted]）監字第[redacted]號函核准假釋，已於[redacted]年2月5日出監，除告知應行遵守事項外，合予證明。

1059 張進益

典獄長 林幸勳

中華民國[redacted]年2月5日

▲這張假釋令是我一生的警惕。

▲重生後的我受洗為教徒。

▲為了能輔導更多孩子，我成為少年觀護所的導師。（GOOD TV提供）

◀為了與少年之家的孩子一同成長，我也不斷進修，2015年，我拿到了元智大學社會政策所碩士學位。（GOOD TV提供）

▲能夠遇上我的妻子淑慧，是我今生最大的幸福。

▲太太淑慧與一雙兒女，是我生命中的重要支柱。（GOOD TV提供）

▲少年之家的孩子們食量驚人，我和淑慧每天都要上菜市場採買。（GOOD TV提供）

◀為了正值青春期的孩子們，淑慧總是辛苦地備妥三餐。（GOOD TV提供）

▲重生之後的我積極投入監獄更生輔導工作，希望能讓一時走偏路的孩子獲得支持、迷途知返。（GOOD TV提供）

▲「大改樂團」的誕生，開啟了孩子們不一樣的人生。（GOOD TV提供）

▲2013年，大改樂團終於前進美國了。

◀大改樂團到全台獄所演出，帶給受刑人極大的感染力。

▲2015年受邀TEDxTaipei演講。

▲雖然年少走錯了路，但只要願意與努力，依然可重見陽光！（GOOD TV提供）

下流青春

走過上癮地獄的大改人生

BIG CHANGE

張進益◆口述
孔繁芸◆撰文

目錄

二部曲 眾神，救救我！

三部曲　孩子，向前走！

推薦文

迷途少年的一盞明燈

許毓仁（立法委員、TEDxTaipei創辦人）

「桃園少年之家」首席執行官張進益主任年輕的時候曾誤入歧途，多次進出監獄，最後終於醒悟。因此，他決定用愛幫助有著和他一樣經驗的孩子們重新回到正軌。在這些過程中，他曾遇到種種的挫折，例如外界的不支持、孩子們的頑皮搗蛋……，但最後的結果是值得欣慰的，因為回報他的是更多的愛。

張進益主任最令我感動的關鍵在於，在他的成長蛻變中，不斷地克服困難、抗拒誘惑、抵抗威脅，一步一步朝著自己的夢想前進，就是為了找到心中的那一盞明燈，而他終於到達了目的地。

可以說，張主任的本身經歷就是一段追尋人生意義的故事，他將這個過程帶給身邊的迷途少年，並藉由自身的反省，照亮並給予迷途少年一條新路。

欣聞張進益主任出書，期望《下流青春》這本書把明燈照耀到更多需要的角落，幫助到更多的人。

在此獻上我的祝福。

推薦文

讓善的種子繼續萌芽

蔡亞璇（財團法人全聯佩樺圓夢社會福利基金會執行長）

因為工作的關係，這幾年來陸續接觸過不少中途之家或兒少安置機構，在訪視的過程中，張進益主任是少數讓我留下深刻印象的一位，而桃園少年之家的孩子們更是日後讓我非常願意多接觸陪伴的一群孩子。與其說這是一個為家庭失能孩子創立的機構，在張主任的用心帶領下，桃園少家裡的愛帶給我的感覺應該用一個「完整的家」來形容，反而似乎來得更貼切些。

在與張主任的深談中，得知了他黑暗的過去，對比如今面前全心全意為孩子奔波忙碌的他，看著孩子們和他亦師亦友的互動，好幾次都為此深受感動！這群孩子或許都有段不幸的過去，但在張主任的陪伴帶領下，他們現在也學會用自身的力量影響並幫助更多人，我深信此刻的孩子們一定是幸福且充實的。

很開心看到張主任能將自己的經歷寫成一本書，相信也能透過《下流青春》這本書感動許多此刻迷惘的人們，就像大改樂團在自創歌曲〈轉捩點〉中所寫的：「也許我們曾經被否定　但我知道　只要存在就有意義……跌倒就要重新爬起　張開翅膀飛向天際」，很期待藉由張主任播下這善的種子能夠繼續萌芽，為社會帶來更多的正面力量。

推薦文

反毒的最佳教材

林滄耀（衛福部草屯療養院醫師兼成癮治療科主任）

老實說，《下流青春》這本書讀來很震撼，因為作者赤裸裸地陳述他如何混黑道使壞，又如何吸毒成癮到無法自拔；但同時又很感動，因為他竟然能從毒品成癮中全身而退，甚至推己及人去拯救更多誤入歧途的孩子。對於台灣近年來的毒品氾濫情形及吸毒者年輕化趨勢，這本書絕對是現今反毒的最佳正面教材！

為什麼青少年碰毒比例這麼高？如同作者所說，如果家庭失能或對學校適應不良，萬一又遇上壞朋友，接觸毒品並成癮的機會就會大增。若不慎碰觸了，一般會出現什麼樣的成癮過程？有三個階段可進行觀察：第一階段是感覺只要使用就能帶來愉悅感，壓力、焦慮都已拋在腦後；第二階段是發現原來使用的劑量已無法達到原本的快樂程度，必須增加劑量；第三階段即所謂的「上癮」，生活中已不能沒有「它」，必須規律地每天使用。

若到了毒品成癮階段，就醫學觀點來看，其實要完全戒除非常困難，一旦踏入就很難抽身，這就是吸毒的可怕。因此進行治療時，只能降低成癮程度，例如原本每天施打毒品，漸漸拉長到幾週施打一次，這個治療便算有效。只不過會來治療的病人多是情況嚴重到需住院接受長期復健治療，需要一至一年半才能讓各方面穩定，恢復正常生活狀態。接著每天要注意各種引起復發的情境，避免再度使用毒品。所以，戒毒就是一場長期抗戰。

既然要戒毒，首先就要中斷毒品使用，但這時也最痛苦，就像作者說的，不僅眼淚、鼻涕直流，身上彷彿有千萬隻螞蟻在爬，出現生不如死的症狀，這種現象通常持續一到兩週。而醫院的做法就是開藥物來降低痛苦程度，協助戒毒者在不使用毒品下度過戒斷期。

除了治療，其實他們非常需要親人、好友及專業醫療人員的支持，這種力量往往能給予他們幫助。當然，為了預防他們出院後再次接觸到可能有毒品的環境或人，醫護人員會竭力告知毒品帶來的傷害，並教導抗拒毒品誘惑的技巧，以免重蹈覆轍。

本書作者張進益是成功戒毒的極佳案例。他除了有強大的戒毒意志力，還有就是非常愛他的父母，這讓他有了堅固的社會心理支持，再加上宗教的支持，使他遠離了可能接觸到毒品的環境。我相信他的戒毒故事，絕對能為有心戒斷毒品的吸毒者帶來希望。

無論如何，最重要的還是要讓大家清楚碰毒後的嚴重後果，做好防毒工作才能避免發生遺憾，不讓身心付出慘痛的代價。

用生命影響生命的故事

小馬／倪子鈞（金鐘獎行腳節目主持人）

「所以同學們，以後人生路上如果遇到毒品來找你時，千萬要記得，你有絕對的權利說不！最後，希望大家學會正確選擇，遠離毒害！願上帝祝福你們。」

講座結束，我回到後台休息室，一個非常高大的人走進來，一開口就跟我說：「小馬，今天謝謝你能來，上帝會紀念你的，我是張主任。喔對了，我以前是吸海洛因的！」

這是我第一次遇到張主任。

在我信主的幾年後，有一次我和牧師談到我曾有很長一段時間陷在毒品裡，牧師聽到後很震驚，問我後來怎麼戒毒。我跟他說，因為《世界第一等》外景節目的關係，我長期不在台灣，在海外也無法取得毒品。後來每隔一兩年，就在電視上看到過往一起吸毒的兄弟因為犯毒而入獄，而且都是無期徒刑！我心裡才真正被衝擊到，毒品的下場真不是我能扛的！

再加上後來沒多久，中國信託基金會和教會合作，想要對青少年進行反毒的事工，牧師問我是否願意以自身經歷幫助青少年。我一開始很掙扎，因為我是藝人，外界也沒人知道我這段過往，如果出來服事，就必須坦白自己的過去。我很緊張，立刻向神禱告，如果神要使用我這段過去，成為能幫助青少年的負面教材，那請給我信心、力量，因為在媒體下坦誠我吸毒，真不知會為我帶來什麼樣的影響！

禱告結束後，心裡居然出乎意料的平安，我想，這個平安是來自上帝的。於是我答應了這個事工，開始前進校園進行反毒講座。

有一天，教會同工告訴我，桃園一個社服單位的張主任邀我去反毒講座，對象是少觀所的學生，也就是台下都是有毒品前科的青少年。我看到底下的孩子們，彷彿看到自己年輕時的樣子：迷惘、混亂、眼神中的不安定！

講座結束，終於見到張主任，更被他最後一段話「小馬，我以前是吸海洛因的」所震懾！當下我主動對張主任說，以後有這樣的服事，請記得與我聯繫。

其實，我很想了解張主任，想了解他的故事。後來藉由他每次的活動邀約，透過聊天知道他過往那些不堪的歲月，更知道他也是因上帝的信仰，給了他重生的力量。而他更因為這個讓他得救的恩典，希望能有更多人被拯救。於是他成立了少年飛行屋、大改樂團，自己擔起照顧這些問題孩子的責任，他靠著信仰，用父親的愛，帶著一個個孩子走出黑暗，回歸正途。

他開始了與神同行的計畫，用生命影響生命！今年，他正式被按立為牧師。

我想起《聖經》〈馬可福音〉二章十七節的一段經文：「耶穌聽見，就對他們說：康健的人用不著醫生，有病的人才用得著，我來本不是召義人，乃是召罪人。」我深信也承認，我和張牧師都是有罪的人，但上帝憐憫我們，不但赦免我們的罪，還使用我們的生命！

《下流青春》是一本超級要推薦的書，我相信透過張牧師的生命經歷，絕對能觸摸到許許多多人生命最脆弱的一處；而我更相信，藉由張牧師的生命故事，能讓更多讀者經歷上帝的恩典，相信祂真實存在。因為，在人不能，在神，凡事都能！

祝福張牧師　以馬內利。

我們曾經都吸過毒，如今我們因反毒相遇！

我們曾經都不認識上帝，如今我們都因為上帝而得到拯救！

暖心推薦，齊聲按讚

王榮文（遠流出版公司董事長）

張進益幫助孩子玩音樂、成立大改樂團，建立他們的自尊自信，這種跟黑道搶人的創意，很特別也很有效。張進益曾吸毒沉淪得救，立志餘生獻身輔導歧路少年，比起單純捐款行善的朋友，他更難能可貴更具說服力。

王曉明（美國德州休士頓大學刑事司法教授）

《下流青春》不僅是張進益牧師個人出黑暗、入光明的故事，更是主耶穌基督救恩的見證；人生際遇不論多困難，只要信，必得救。

甘嘉雯（《中國時報》社會地方中心桃竹苗召集人）

「大改樂團」能夠站在舞台上表演，其實歷經過一段煎熬，這些小朋友安置在張老師的機構，因為音樂，改造了他們的性格，不過由於受到保護管束等因素，一度無法在公開場合正常露臉。張老師與政府單位多次協調溝通：「都大徹大悟大改了，何需被貼標籤？」

過去張老師有個稱號叫流氓教授，外人不為所知，他曾經誤入歧途也吸過毒品，身上還有刺青。如今脫胎換骨，奇蹟似的戒毒，走進監獄教誨受刑人，也在教會當牧師，更是這些小朋友最親的親人，還要幫忙打造飛行屋，讓大家有個安定的家。

張老師奉獻一生，將自己全心都交給上帝，以身作則，帶領這些孩子走入正途，《下流青春》這本書就像是一部電影，將不可能化做可能。

江浩（國際獅子會300G2區總監）

在充滿負能量的社會，《下流青春》這本書著實讓人感受到強大的正面與向上力量，證實了只要有心，每個人都能讓自己大大改變！

吳憲璋（前矯正署署長）

「一日吸毒，終身戒毒。」這是真的。

上帝的慈愛與恩典拯救了張進益弟兄，信靠主的必能得勝，再次彰顯神的大能。感謝神、榮耀歸主。

林東龍（東巨集團董事長）

平實超然的文筆，感人卻不煽情，《下流青春》帶領讀者經歷張進益主任身處如同地獄般的黑暗時刻，每次的血淚掙扎與挑戰，都令人揪心無法自己，而最終的浴火重生，所展現的人性光輝與上帝的救贖，更是讓人感動落淚；每個人都值得擁有人生的第二次機會。

金保福（新北國際網路扶輪社創社社長）、**張芳榛**（新北市豐彩扶輪社創社社長）

張進益主任年輕時曾誤入歧途，但他透過自身經歷，立願為少年之家的孩子們盡一份心力，積極協助他們找到未來正確的方向，並有機會學習一技之長，培養自給自足的能力，實在令人欽佩他所展現的正能量。

柯文哲（台北市市長）

身為醫生的我，非常清楚毒品對於身心靈侵害的嚴重。張進益現身說法，將人生中最刻骨銘心的經歷警惕世人，也將如何透過信仰支持轉化度過，甚至回頭創立少年之家，引導迷途的孩子返回正途的經驗與大家分享，令人欽佩。

毒品問題很難在短期內解決，但在社會各界的努力下，應當能逐步改善，謝謝你們為孩子無私的付出！

高鳳仙（監察委員）

這是一本好書，記載真實人生故事，讓人聽到非行少年的悲切心聲，看到黑幫老大的窮途末路，感受吸毒人士的椎心苦痛。

張進益曾是一個憤世嫉俗的罪犯、無可救藥的吸毒者，神卻把他變成一位柔和謙卑的牧師，帶領眾多迷途羔羊走向正途，何等動人的神蹟！

張秀鴛（衛福部保護服務司司長）

在所有輔導毒品中案例，最令我感佩的就是張主任，他堪稱是最佳典範。他以過往的經驗輔導歧路少年們，是他們光明的燈塔。我代替衛福部保護司謝謝張主任，感謝他這些年對弱勢兒少的照顧與服務！

張承先（臉書「把愛傳出去」創辦人）

「愛是最大公約數。」雖然這是我滿早提出的倡議，但在我心目中，張進益牧師是具體實踐出這個理念的人之一。因為他把切身之痛，翻轉成感化社會的力量。更重要的是，這股力量貫穿連接了整個讀報世代、e世代以及滑手機世代！邀請大家來看張牧師的書，也請伴隨張牧師的步伐，一步一步傳播愛心，直到地極！

許皓宜（諮商心理師）

我們最難面對的總是真實的自己，以及，為了生存所樹立起的心理防衛背後，其實還透著想要好好活下去的希望。即便生命充滿黑暗，愛依然不滅。張大哥透過他的故事告訴我們，如何抓住生命的微光。

陳信維（北桃園有線電視台節目暨新聞部經理）

就是曾經迷失過，現在彈跳得更帶勁；張進益主任滿檔的正能量，對孩子來說是幸福；對朋友來說是幸運；這個朋友，真好！推薦這本書，推薦這位好朋友給你認識！

陳晴教（前臺灣高等法院發言人）

二十歲，他吸毒、販賣，入獄還要流氓；現在是牧師，創立桃園少年之家，照顧失親、失學、失養及非行少年等，是個慈祥爸爸。他是如何辦到的？因為遇見了上帝的愛。上帝永不止息的大愛，可以改變世上每一個人，包括您與我。

游博宏（迦南長老教會主任牧師）

看了《下流青春》一書，深深被進益牧師的生命故事吸引，看見他生命改變的關鍵：「在上帝的愛裡，沒有難成的事。」他經歷上帝的愛，倚靠上帝所賜的力量，不僅從毒癮的絕望中活出全新的人生，更幫助迷途的青少年找到生命的價值。深信這本書一定能激勵在絕望中的朋友，找到生命的盼望。

黃炯榕（桃園基督教聯盟主席）

進益的故事滿吸引人，〈地獄般的二十八天〉是我最感興趣的一篇，他把監獄裡面最艱難的、最黑暗的一面都描述出來，這是一般人無法看見也無法想像的世界，光看這一篇就值回票價。我非常推薦《下流青春》這本書，盼望進益的故事，可以成為時下年輕人或一些誤入歧途想要回頭的偏差少年一個最好的榜樣。

黃明鎮（更生團契總幹事）

多年前，他擔任更生團契少家的小輔導，如今，兩夫妻幫助了好多人，而我看到了其中的真諦——愛和能力。人能悔改，從黑道變傳道，出黑暗入光明，從破銅爛鐵變成金銀寶石，無非是經歷了十字架。十架上耶穌替罪人死，是愛；十架下，祂復活，是能力。進益，就是基督救贖人類的活見證。

黑幼龍（卡內基訓練大中華地區負責人）

我相信很多人都知道青少年的苦悶，特別是家庭發生變故或單親家庭的叛逆青少年。但很少有人能像張進益牧師這樣具體想出一個好方法，組成「大改樂團」，讓這些青少年投入其中，盡情發揮，享受類似五月天的年輕人才能有的對待，進而成長為有貢獻的人。

這一切全因為張進益牧師有過親身經驗，回首其心路歷程才能做到。我很感動。

葉毓蘭（亞洲警察學會祕書長）

讀了《下流青春》一書，終於知道張進益渾身散發的光芒何以如此明亮，因為他從死亡陰暗的幽谷走出，也更能帶領那些孩子脫離毒害，擺脫黑暗，活出光明的人生。

鄭文燦（桃園市市長）

「經歷死亡，才能獲得重生。」張進益牧師自小就加入黑社會，多次在生死關頭徘徊，最後靠著信仰重新站立；雖然看似破碎、失敗，但上帝卻使用他過去，成為曾誤入歧途的青少年們美好的見證與祝福。透過張牧師的故事，能鼓勵每個在困境中的朋友，也期許所有讀者能勇於付出，成為甘心奉獻的人。

鄭俊德（臉書「閱讀人」主編）

這世界不美麗，有不美麗的家、不美麗的朋友、不美麗的學校，因而有不美麗的人生。他曾在世界浪蕩，卻在信仰裡找回那顆美麗的心，現在他是許多浪蕩孩子的保護傘，守護更多需要愛的靈魂。

謝木土（國際扶輪社三四九〇地區總監）

張進益先生以身教帶領大改樂團的孩子們，勇敢邁向人生的未來，相信《下流青春》這本書的出版，定能為青少年甚至所有人士帶來正面影響。

韓慧蕙（桃園市府靈糧堂主任牧師）

進益牧師多年前曾為「他的孩子們」的需要到教會拜訪我，當時未能幫上忙，但他謙卑、熱情，積極樂觀地為孩子們尋找資源，那顆愛孩子的心深深感動了我。我以認識進益為榮幸，深信《下流青春》這本書能帶給許多人意想不到的祝福。

顧其芸（台北新生命小組教會主任牧師）

這是一個真人真事的故事，拜讀之後令人刻骨銘心、熱淚盈眶、萬般不捨、感動不已。求主使用這本書，吸引更多流離失所的浪子，快快回到天父愛的家中。《聖經》〈哥林多後書〉五章十七節說：「若有人在基督裡，他就是新造的人。舊事已過都變成新的了。」我要鼓勵張牧師：要常在基督裡，天天經歷耶穌基督死而復活的大能；做個新造的人，不斷成為一個被主塑造、被主修剪、被主使用的器皿，並且持續經營除舊布新、日新又新、屬靈更豐盛的生命。能夠在這個世代，服事幫助更多需要被幫助的年輕人！

自序

你我都是別人生命中的貴人

張進益

從流氓變老師，究竟讓人覺得勵志還是悲情？對我來說，勵志的是大徹大悟的悔改，欣見重生後的自己；悲情的則是為了那段浪蕩青春付出代價！

從小因著自卑心作祟，讓我迷戀物慾及虛謊的言語，及至誤入歧途、傷人害己。回想過去的荒唐歲月與作為，腦海中立時浮現出種種畫面：哥哥因黑吃黑而遭殺害的慘狀、母親傷心欲絕地看著我注射毒品卻莫可奈何、我因毒品注射過量送醫急救時父親擔憂的眼神與陪伴……，儘管事隔已久，依然是我心中永遠無法抹滅的畫面與傷痛。老實說，若重頭再來一次，我也沒有把握能否勇敢活下來，因為有太多不捨與不堪了。但也因為父母的不放棄、社會的包容以及那個使我勇敢的信仰信念，讓我非常珍惜現有的一切，更急於想要告訴更多的孩子：歹路不可走。

我帶著過來人的感動投入社會工作，卻也因此發現目前毒品問題事態嚴重，而這可是整個社會乃至國家當務之急需面對的大問題！根據警政署統計室二〇一七年三月的報告，近五年青少年涉毒品人數從二〇一二年的七五六三人降到二〇一四年的六六六一人，但二〇一六年增為九七九八人，相較於二〇一二年，涉毒品青少年多了將近百分之三十，且八成以上是男性。雖然今天因少子化導致出生人口數下降，青少年人口減少，吸毒犯罪案件卻增加，可說是相當嚴重的狀況，這讓我感到非常憂心。

很多人一開始接觸毒品都是起因於「好奇」，我自己就是一個活生生血淋淋的例子。當初因為同儕的慫恿與各種言語誘惑，讓我第一次嚐到毒品的「甜頭」，之後又因為「好奇」，我想試試第二次的感覺和第一次有何不同，這下糟了，接下來就成癮了，到了後來更無法自拔。這樣的切身之痛讓我領悟到，要遠離毒品，就是千萬不要好奇。如果不小心誤觸了，一定要尋求相關單位的幫忙，例如學校。萬一不幸成癮，最重要的就是相信專業人士，透過他們的陪伴一同面對；我想說的是，陪伴真的很重要，我自己就是因為家人不離不棄的陪伴與愛的支持而得以重生。

所以，今天的我積極輔導陪伴少年之家的孩子們。在我「經手」的孩子，我發現他們真的不是很可愛，但如果知道孩子的成長背景比我更加坎坷，甚至尋不著幫助，心中就會升起一股力量，激勵我無論如何都要陪伴他們走一段路，至少，我要阻斷黑道試圖吸收他們的管道以及接觸毒品的機會。如今，看著孩子們一個個長大，他們用改變的生命回饋社會，讓我感到無限欣慰。我帶著他們開啟了一次次的全台獄所巡迴，更走進了校園，也讓我們收到一封封充滿感恩與悔改決心的信。

其中最令我感動的是一位國三女生，她說因為父母是推著手推車的路邊攤販，覺得他們的工作很低賤，讓她很丟臉。因此從國一開始放學就不直接回家，故意在學校逗留，她擔心直接回家會被找去幫忙做生意，然後被人取笑。但當她聽完這些大哥哥的故事，他們最後因著這份愛與信仰而學習重新站立、饒恕並回饋社會，相較於自己如此不珍惜家庭，感到很慚愧。聽完演講那天是她三年來第一次下課後準時回家，而且是哭著衝回家，看到爸媽又推著車子準備出門做生意時，她衝去抱著媽媽哭、向她道歉，並喃喃自語地道出自己有多麼可惡以及對爸媽的不捨，媽媽也抱著她哭說她長大了。從信中，我看到她滿滿的感謝與感恩，還有就是父母給她滿滿的愛。

我所認知的大環境中，有太多是紙上談兵，告訴正身處困境的家庭要怎麼做之類的，這對他們來說是何等殘忍，他們需要的是支持和陪伴啊！但實際參與陪伴的第一線陪伴者實在太少了，這也是我努力投入的原因，我相信這股力量終有一天在生命共同體的感召下會開花結果。若你正如同我的過往那般，懇請你不要輕易放棄，上帝必為你開出一條生命之路；若你周遭有令你厭煩的孩子，懇請你對他多些關愛，因為我們會是他生命中的貴人；若你覺得家庭讓你感到溫馨，請不要吝嗇給家人一個擁抱！如同那位小女生告訴我的：「我一直在尋找同學說的那份幸福，但我找不到，原來幸福就在我的身邊。」祝福你，我們天天幸福，我們都是別人生命中的貴人！

序曲

二〇一六年一月某日傍晚，我和太太淑慧正帶著孩子們謝飯禱告，只聽到阿凱在大街上邊跑邊叫著：「張主任！張主任！」我和淑慧迅速交換了一個眼色，不約而同地跑向一樓，我心想：「糟了，不會又是哪個孩子出事了？」

「考上了！考上了！張主任，我考上啦！」阿凱上氣不接下氣地說。

聽到這個好消息，我和淑慧立時鬆了一大口氣。原來不是壞消息，而是天大的好消息，阿凱終於如願考上輔導員了！大家都為他感到高興。

而我除了高興，也深深感謝上帝。回想起阿凱和阿豪這對兄弟來到少年之家，轉眼間已近十年。他們初來時都是十一、二歲的年紀，一般這種年紀的孩子還在念小學五、六年級，他們倆卻已歷經滄桑，進出少年觀護所兩、三趟。為什麼小小年紀就有如此「輝煌」的紀錄？說起當年，這對兄弟可是十足的街頭小霸王，六、七歲開始就離家在外流浪，和一群同齡的孩子靠著偷搶維生。哥哥阿凱更是因為聰明伶俐、組織力又強，是那群孩子的頭頭。進出警察局和安置機構成為他們的家常便飯。偏偏在他們最需要好好教養的階段，他們的父母也面臨許多問題而自顧不暇。對他們這兩個「頭痛人物」幾乎是放棄的狀態。

當他們輾轉來到少年之家時，他們告訴我，不知道在未經車主同意就騎走人家的摩托車是偷竊行為，我雖然對他們的偏差觀念感到訝異，但也不感到陌生，因為自己當年也是如此。淑慧常提醒我不要偏心，我也盡量公平對待每一個孩子，但對於阿凱、阿豪兩兄弟總是無意間多一些疼惜，或許我是從這對兄弟身上看到自己和哥哥的影子。

十年了，真的很快就過去了。看著孩子們笑著、鬧著，我也不禁感到安慰。少年之家在他們最需要的時期扮演了「家」的角色，雖然設備簡陋，但我們有的是愛。在這裡，兩個孩子安心成長，陸續找到他們能夠正當發揮才能的著力點。現在，阿凱是大改樂團團長，又考上輔導員執照，阿豪則是樂團主唱。此時，心裡油然升起一股莫名的悵然，如果當年有人可以聽懂我和哥哥的心聲，或許我們就不用走這麼多冤枉路。

如果哥哥還在世，不知道該有多好……

【首部曲】

金錢的誘惑

小時候為了讓同學覺得自己很厲害、家裡很有錢，每天幾乎都把腦筋放在要拿什麼東西或做什麼事來討好朋友。如今看來，正是因為貧窮加上缺乏大人正確的教導，造就了我「人前極度自大，人後極度自卑」的心態。

第一章

提早叛逆的童年

我曾經問姊姊，為什麼爸爸老是不回家？姊姊總是回答，爸爸是被我這個兒子氣到不想回家，他不愛我了……

1

生日蛋糕風波

我出生在中台灣的小漁村，小時候，大家都叫我「益仔」。聽說在我出生前，這裡的魚很多，但不知為何，數量逐年減少，漁民出海經常白忙一天，以致小漁村漸漸沒落。就在我出生那年，政府開始推動十大建設，需要大量人工，於是村裡的男人為了討生活，紛紛放下漁網去蓋機場、修港口。對留守在小漁村的妻小來說，雖然不能經常見到丈夫和爸爸，但比起討海捕魚，男人們的工作環境至少相對安全且收入穩定。

我的父母是同鄉，兩人結婚後一起到外地創業，開設一間醬油工廠，我的六個姊姊都是在那裡出生的。我父親因為個性老實誠懇，深得客戶喜愛，醬油賣得很好，生意也愈做愈大，但也因此遭到合夥人的嫉妒，以公司增資為理由，企圖稀釋他在公司持有的股份。由於父親沒錢繼續投資，同時也看不慣股東們的這種手段，便和他們拆夥，帶著分配到的少許股金，與母親、姊姊們回到家鄉，也就是我出生的小漁村，一家大小八口擠在爸爸的祖厝裡。接著，爸爸又將這筆錢與親戚合買了兩艘近海漁船，一起捕魚。當時爸媽的期望是等賺了錢、有些積蓄，就買一棟自己的房子搬出來住。

後來，哥哥和我陸續出生。對一個保守、傳統的家庭來說，男孩何其重要？因此，從小父母就非常寵愛我們兄弟倆。哥哥因為是長子，那種寵愛更是要什麼有什麼，而且媽媽會交代姊姊們，不論是吃的、用的、玩的都要讓給弟弟。巧合的是，我和哥哥差兩歲，但生日在同一天，因此我們每年都一起慶生，都有生日蛋糕可吃，而姊姊們從來沒有過生日。

其實以當時的生活條件，加上爸爸勤勞樸實的個性，一家人的生活倒也能過得安穩。但誰知道就是會出問題。

有一回漁船的合夥人請爸爸喝酒，那晚爸爸喝得酩酊大醉。第二天醒來，合夥人拿著買賣契約和兩萬元來向爸爸要漁船，這時爸爸才知道，原來親戚和別人共謀灌醉他，目的是要騙他賤價賣掉漁船。媽媽得知一家人賴以為生的漁船竟是被信任的親戚騙走，氣得吃不下也睡不著，始終無法相信這件事實。那一年，媽媽肚子正懷著我，因為媽媽過度憂傷又營養不良，據說生下我時，我又瘦又黑像隻小猴子，把接生的產婆嚇到了。

漁船沒了，親戚間的感情也破裂了。為了生活，不能總是把心思放在悔恨上，而要重新找出路。於是爸爸退而求其次，有時用竹筏在沿岸捕些小魚，有時拿別人的漁獲出去賣，賺些蠅頭小利。但不知為什麼，家鄉那一帶的漁獲愈來愈少，我們家的日子也過得愈來愈辛苦。

八個孩子愈長愈大，花費日益增多，食指浩繁，爸爸覺得不能再這樣下去，便在我小學三年級時選擇再度離開家鄉；他不是投入十大建設，而是去跑遠洋漁船，繼續做他熟悉的捕魚工作，那是一份比其他人的爸爸更不常回家的工作，留下我們八個孩子和媽媽一起守著小小的柑仔店。

從那時起，我就很少見到爸爸，因此總會懷疑他是不是因為討厭我而離家？尤其每每看到叔叔伯伯放假回家，他們的孩子就有漂亮衣服和新鞋穿，我真的好羨慕。我曾經問姊姊，為什麼爸爸老是不回家？姊姊總是回答，爸爸是被我這個兒子氣到不想回家，他不愛我了。當時我信以為真，直到很久之後才懂得，那是姊姊故意和我開玩笑，爸爸其實很愛我的。

記得那天是我的九歲生日，也是哥哥阿榮的十一歲生日。按照慣例，爸爸都會回來幫我們過生日，但這一年，爸爸似乎因為遇到颱風而無法回來。我感到有點失望。姊姊們反而覺得老天爺終於公平了，因為爸媽從未幫她們慶祝過生日。

雖然爸爸沒法趕回來，但媽媽說要去鎮上買蛋糕給我們，我的興奮和期待之情立刻取代了失望。媽媽出門時特別交代我要乖，這樣才有蛋糕可吃。當下我的腦海裡浮現了好多表現「乖」的方式，像是洗碗、掃地、乖乖寫功課、幫忙看店……等等，不過好像都沒時間做。最後，我決定做一件事，就是今天不上學，我要幫媽媽撿柴火。

當年，我家住在祖厝的四合院裡，因為買不起瓦斯，媽媽煮飯還是用燒柴的大灶。由於平常都是姊姊們帶著我去附近海邊撿拾漂流木回來燒，我想著，反正上學很無聊，乾脆就蹺課吧，幫媽媽多撿些木柴回來，她一定會很高興。只要媽媽高興，應該就會多給我一些禮物、多分我一塊蛋糕了。於是我趁著大家都出門之後，獨自一人走向海邊。

到了防風林邊，果然發現那裡堆積了許多漂流木，有的體積很大，如果把它們都撿回家，媽媽就可以用很久了。但我只有一個人，又怕如果找哥哥姊姊一起幫忙，那麼我的禮物就會被瓜分了，最後決定還是靠自己。我就地找了一塊破帆布，上面放了些小塊的木頭，然後慢慢拖回家。不過才拖了一趟，就覺得好累、好熱。再次回到防風林時，我看時間還早，便玩了一會兒，不知不覺竟然睡著了。

我一覺驚醒，不知道是幾點鐘，當時只閃過一個念頭，那就是我的生日蛋糕！一想到這個，我一路狂奔到家。快到家門時，見到阿榮哥手中拿著一塊海綿蛋糕，炫耀似地朝我迎面走來：「你完了！你沒有蛋糕了，蛋糕都是我的。」一聽到蛋糕沒了，我就更加緊張，更賣力地衝回家。匆忙間，好像撞到了班導師，納悶著：「導師為什麼會來？」但因我一心只想著蛋糕，也管不了那麼多，直接就衝去找媽媽要蛋糕。沒想到不但沒有蛋糕，還挨了媽媽一巴掌，然後是姊姊們輪番數落我，叨叨唸著逃學、愛玩、貪心、不學好……

「不是、不是！我不是這樣的。我只是想幫媽媽。」我心裡不斷吶喊著。我覺得好委屈，愈哭愈大聲，嘴上還不停唸著：「我要蛋糕啦！我要蛋糕啦！」忽然間，媽媽衝上前來又是一記耳光。啪的一聲，打得我愣住了，心想：「怎會這樣？」瞬時，所有憤怒、不平的情緒全部湧出。我轉身就往外面跑。

我一直跑、一直跑。累了就停下來，發現自己竟然跑到墓仔埔！那時天色已暗，我忽然好想回家，但另一方面又覺得怎麼可以就這樣回家？實在太沒面子了。於是我在一座墓碑前坐下來，想等媽媽和姊姊來找我。

但等了好久，始終沒有看見媽媽和姊姊的蹤影。天已經黑了，周圍出現一些奇怪的聲音讓我害怕得哭了起來。突然間有一團「鬼火」漸漸逼近，而且愈來愈大，我嚇得驚聲尖叫，那團鬼火也跟著叫，接下來就聽到腳踏車倒在地上的聲音。我停下來仔細一看，原來是隔壁的林阿伯，心想：「我找到救星了！」

於是，林阿伯載著我回家。路上他告訴我，通常他在田裡工作是很少做到這麼晚的，因此我能遇到他算是很幸運，只是他很不解為什麼我會跑去墓仔埔？當時的我不過是個九歲孩子，覺得整件事情很複雜，一時之間不知道該怎麼說。林阿伯看我不說話也不勉強我，他一邊哼歌一邊騎車，很快就到家了。

這時家裡燈火通明，好多人匆忙進出，非常熱鬧。有人看見林阿伯載著我回來，便跑去跟媽媽說。媽媽從屋裡衝出來，看起來好像又要打我，卻被一旁的親戚擋下來。大姊則連同其他幾位姊姊七手八腳地把我拖去洗澡、換衣服，然後端給我一大碗熱騰騰的豬腳麵線。看到豬腳麵線，我忽然覺得好餓，狼吞虎嚥地很快就吃光。那碗豬腳麵線，是我這輩子吃過最好吃的豬腳麵線了。

那時，我早忘了「生日蛋糕」這件事，家人似乎也都忘了。我的九歲生日，就在大家的遺忘中過去了。

2

無地自容

因為家裡窮，我又不愛念書，除了五、六年級的導師，感覺其他的老師好像都不大喜歡我。因此對我而言，小時候的上學經驗大多不愉快。

「鞋子老師」是第一個讓我知道什麼是「無地自容」的老師。她是我一、二年級時的班導師，很愛乾淨，總是利用早自習時間檢查同學的頭髮、耳朵、指甲、襪子、手帕、衛生紙……等等，她會一邊檢查，一邊宣導衛生常識。雖然長大之後才明白老師的做法是為我們好，但執行的方式實在令人害怕，尤其是檢查鞋子，這是她最愛的一項，卻是我最害怕的。

那時候最流行穿「中國強」這個品牌的運動鞋，班上男生幾乎是人腳一雙，即使是家境較貧窮的，至少也有白布鞋。可是，媽媽給我的是建築工人穿的那種透明塑膠鞋，和同學的「中國強」比起來，真是差太多了。因為這雙鞋，害我經常被同學笑。

我跟媽媽抗議過很多次，媽媽總是說：「同樣都是鞋，能穿就好了。你哥也是穿這個。」但我不敢告訴媽媽實情，其實哥哥在學校也是穿「中國強」，只有放學快回到家時才會換回透明塑膠鞋。既然我抗議無效，只好經常打赤腳。

有一天早上上學途中，我猜想老師大概又要檢查鞋子了，於是就在學校附近溜達，直到早自習快結束才偷偷摸摸地從後門溜進教室。誰知道，老師就偏偏等到我才剛坐下就宣布要檢查鞋子。

那天的檢查方式特別不一樣，以前都是叫同學脫下來放在地上，那天卻換了一個方式，老師說要玩一個「看鞋子」的遊戲，不但要同學脫下鞋子，還得把鞋子放在桌上讓老師檢查。或許老師覺得這樣比較好玩，不會讓同學害怕，但我腳上這雙工人穿的鞋是我最大的罩門。我一聽到要把鞋子放在桌上，就開始覺得很煩躁，完全不在意什麼遊戲不遊戲的，認為老師根本是故意找我麻煩，要讓我被全班同學恥笑！

我愈想愈生氣，就是不肯把鞋子放桌上。老師從前面開始逐一檢查，她愈接近我，我就愈擔心等一下可能會聽到的嘲笑聲。當她終於走到我的座位前面，用藤鞭敲敲我的課桌說：「張進益，你的鞋子呢？放上來！」我低著頭，假裝沒聽到，根本不敢抬頭看她。老師見我沒動作，又催促了一次：「鞋子放上來！快點！」忽然不知道是誰冒出一句：「老師，他穿工人的鞋子，好醜喔！」頓時，其他同學也開始跟著附和，空氣中充滿了嘲笑的聲音。

聽到這些，我當場一股熱流直往臉上衝，巴不得挖個地洞鑽進去。但老師還是不放過我，繼續催著我把鞋子拿出來。就在她威脅我再不拿出來就要打的時候，我再也忍不住，鞋子一脫就往桌上扔，接著站起來往外跑，根本不管自己是赤著腳，不管老師在後面一直喊，也不管排著整齊隊伍朝我逆向走來、準備參加朝會的學生們。我一直跑一直跑，跑出校門，又繼續跑到海邊。我再度發現自己無路可去，只好坐在沙灘上一直等到放學，然後才慢慢走回家。

在我心裡，老師的做法讓我覺得好殘忍，或許她認為自己設計的遊戲很有趣，但對我其實造成了很大的傷害，而同學的訕笑更讓我受不了。「貧窮」有這麼可笑嗎？如果是這樣，那我要賺很多很多錢，讓你們再也不敢瞧不起我，更不敢取笑我。

小學三、四年級時，因為爸爸開始去跑遠洋漁船，家裡的經濟狀況才稍有所改善。那雙被我視為奇恥大辱的透明塑膠鞋，在我不斷跟媽媽哭鬧後，終於換成白布鞋了。

三年級時，我的導師也換了。新任導師是一位姓莊的老師。他平時很兇，對我們的要求很嚴格，如果沒有準時交作業就會挨他的藤條，對我這一向不愛寫作業的小孩來說，實在是很痛苦的事。但是道高一尺、魔高一丈，小聰明特別多的我很快找到了投機取巧的方法。

我觀察到，交作文時，老師都會要同學們把作文簿翻到最後一頁疊起來，全班四、五十位同學的作文簿疊成一大疊，老師批改作文時就只看最後一頁的結論，於是我想：「太好了，那我只要寫最後一頁就好了！」我第一次試用這種方法，結果作文簿發回來的時候，老師果然沒有發現，看看成績，分數還不低呢！好開心喔！我想：「太好了！這個方法很有效，以後都要這樣做。」

可是人算不如天算。我就這樣混了將近一個學期，因為貪玩，有一天我竟然忘了交作文。老師一上課就問我為何沒交？我心想：「好吧，要我交就交吧！」於是我乖乖地把作文簿翻到最後一頁，放在那一大疊作文的最上面。哪知道老師那天特別有空，仔細翻看我的作文簿，當他發現前面竟然有一大堆空白，每間隔幾頁才有一頁短短的幾行字時，氣得他大聲怒罵，還重重地打了我一記耳光。

那個當下，因為自己做錯事被發現，又當眾被處罰，真是羞愧得無地自容，而那種羞愧感，我永遠都會記得！但是，愈是如此，我對老師的印象也就愈加崩壞。

3

難忘「保溫杯老師」

五、六年級可說是我悲慘童年中最快樂的兩年，因為班上換了一位美麗又溫柔的導師，至今我仍深刻記得她的名字——林麗卿老師。

林老師既是班導師，也是音樂老師，因此我們班理所當然要代表學校參加縣裡的合唱比賽。不過即使是同一班的學生，也未必每個人都有機會加入合唱團，因此當我被老師選中時，我真的覺得好光榮！那時，鄉下學校的合唱團服裝大多是卡其上衣、藍色短褲配上白色長筒襪和黑皮鞋，而打從小學一年級就在鞋子上吃虧的我，決心要藉著這次比賽扳回一城。於是，每天回家總是跟爸媽吵著要買黑皮鞋。

幸好那時家裡的經濟況狀已經改善，幾位姊姊陸續自國中畢業，然後都到附近的塑膠工廠上班，而爸爸又為媽媽開了一間小小的柑仔店。爸爸實在拗不過我每日的吵鬧，只好騎著摩托車載我到鎮上買了一雙全新的黑皮鞋，拿到皮鞋的當下真是開心得不得了。

到了比賽那一天，我得意地穿著爸爸買的新皮鞋去參加比賽，這才發現，原來很多同學的黑皮鞋不是借來的就是穿自己爸爸的。像是站在我旁邊的黃同學就是穿他爸爸的黑皮鞋，可是因為鞋子太大了，鞋裡還塞了很多報紙。

當時一雙皮鞋很貴，小男孩又長得很快，往往一雙新鞋很快就穿不下，因此多數家長都不願意買皮鞋給孩子。而像合唱比賽這種偶一為之的事情，頂多是向別人借用應急，根本不會捨得花這種錢。這番道理直到我長大之後才懂得，爸爸會這樣做就是因為他真的很疼我，只不過對當時的我來說，只覺得有錢很重要。那次穿著嶄新的黑皮鞋上台，是我小時候難得可以抬頭挺胸、感到驕傲的一次。

私底下，我都稱呼林老師是「保溫杯老師」。

當時的我非常頑皮，幾乎天天都在闖禍。林老師一開始會罰我半蹲拿椅子，椅子上還會放上一只裝滿水的水桶，蹲得我回到家兩腿還一直發抖。儘管如此，還是阻止不了我第二天繼續作弄同學、調皮搗蛋。有時林老師被我氣到實在沒辦法，就把我叫到辦公室訓話，常常講到她自己都哭了，卻還是拿我沒辦法。後來她使出一招，就是罰我每次下課幫她把保溫杯拿到辦公室。

當時聽到老師用這種差事作為處罰，覺得很好笑，也懷疑老師是不是太笨了？因為平時有機會幫老師拿東西的，不是班長就是成績好的學生，哪裡還輪得到我這樣的壞孩子？因此能替老師服務，心中不禁感到有些小小的驕傲。每次端著老師那支黃白相間、上面還印著一朵紅色和綠色蘭花的塑膠保溫杯，走到辦公室門口大聲喊「報告」，都會讓我覺得無比的榮耀。正因為如此，她就成了我口中的「保溫杯老師」。

而林老師常會藉著我到辦公室的機會，關心地詢問我一些生活近況，像是爸爸最近是不是又出海了、大姊是不是要結婚了等問題，但最後一定會問到哥哥，因為她也曾擔任過哥哥的導師。

保溫杯老師願意和我聊天，讓我真的很開心！從小到大，她是少數願意好好和我講話的人，我很樂意幫她拿保溫杯，也很樂意把哥哥的近況一五一十地向她報告。我告訴她，哥哥已經升國二了，不過和爸爸之間的關係很不好，很少回家；偶爾在外面遇到哥哥，他總是穿著很得很「啪哩啪哩」：一件很緊的ＡＢ褲、花襯衫，配上帆布鞋，有時還騎著一輛DT-

125機車，看得我好羨慕！

但老師每次聽我說完哥哥的近況，總是嘆口氣，用很憂愁的眼神看著我，最後對我說：「張進益，你千萬不要學你哥哥，知道嗎？」面對老師輕聲細語的叮嚀，我也只能點點頭，心裡卻很納悶：哥哥這樣不好嗎？他看起來很有錢、過得自由自在呀！而且，大家都不敢瞧不起他。

後來因為我自己貪玩，漸漸地沒有再幫老師拿保溫杯了，但老師一點都不介意。畢業時，老師還將我提報出去，領到班級「服務獎」，畢業典禮時那天，我感動得哭了。

事隔三十年，每每想起林老師，總會十分感念。那段童年歲月裡，雖然我犯了錯時會受到她的處罰，而且罰得不輕，但我被罰得心服口服，因為我知道她不會冤枉我，她會聽我解釋，確定是我的錯才處罰。此外，她也不因為我頑皮或家裡窮就不給我機會，反而給了我很多機會，像是參加合唱團，讓我提供服務。因為林老師，我覺得自己是個有價值的人。

第二章

人見人怕的惡霸

居住的村子出過幾個流氓，哥哥也是其中之一，學校老師和學生便認為，只要是來自那個村子的都是壞孩子。我才剛升國一，就被貼上「壞孩子」的標籤，不但撕不下來，還被無限上綱地向上累積。

1

撕不去的標籤

國小六年級的時候，我為了收買人心，讓同學覺得自己很厲害、家裡很有錢，經常偷拿店裡販售的玩具送給朋友，每天幾乎都把腦筋放在要拿什麼東西或做些什麼事來討好朋友。一開始爸媽沒注意到我做的事，自己也不懂得這樣做有什麼錯，以至於到後來壞事愈做愈大。如今看來，正是因為貧窮再加上缺乏大人正確的教導，造就了我「人前極度自大，人後極度自卑」的心態。於是，為了讓別人看得起自己，就會去做一些偷拐搶騙的事情。

而這個年紀的小孩，也是對異性開始產生好奇和興趣的年紀。那時班上的班長是班花，又是隔壁班老師的女兒，很多男生都想追她，當然也包括我在內。當時我想了一個方法，就是和一群死黨聯合起來，約班長和其他幾位女同學一起去「控窯」。

籌備活動期間，我們可說是費盡心思，大家分頭去偷挖地瓜、芋頭和偷鴨子等，我則負責偷家裡賣的雞蛋，總之，就是要讓自己看起來很有錢。我會故意表現得特別熱心要幫媽媽看店，只要碰到上門買雞蛋的客人，就會讓我很雀躍，因為雞蛋一斤大約有八顆，我總能趁客人不注意時在秤好後偷走一顆，假如有十位客人買雞蛋，那麼我就能賺到十顆了。

終於到了期盼已久的「約會」日子。可惜天公不作美，竟然下起大雨，根本沒法在農田裡「控窯」。但為了面子、為了不讓女生覺得掃興，還是得努力做到「賓主盡歡」。突然我想到一個好方法，我們可以把磚塊搬到公園的水泥洗手台上，在那裡築一個窯啊！如此一來，我們照樣可以烤地瓜。我真的好聰明喔，一起去玩的同學也都很佩服我的機智。然而烤完地瓜之後，整個洗手台被熏得烏漆麻黑，還有清不完的汙泥。公園的工友發現了，氣得一路追打我們。

那時，我種種的頑皮行徑總是讓林老師感到很頭痛。

♧

國小畢業前，我還不知道當時念國二的哥哥已經在外面混了。他愈來愈少回家，但每次見到他，就覺得他似乎混得很不錯，我不懂為什麼他有好東西都不拿回家，也不知道他怎麼會有錢去買這些好東西，當時就是很羨慕他，覺得他就是我想要效法的對象。

小學畢業後，按照學籍分配，我進入大安國中就讀，和哥哥讀同一所國中。那時，哥哥在我們家鄉已經混得小有名氣，由於當時居住的村子地處偏遠海邊，少數人為了討生活而走偏了路，因此出過幾個有名的流氓，而我哥哥也是其中之一，學校老師和學生便認為，只要是來自那個村子的都是壞孩子。

我才剛升國一，就被貼上「壞孩子」的標籤，不但撕不下來，還被無限上綱地向上累積。學校裡只要有任何風吹草動或發生打架鬧事，我們幾個來自同一村子的學生都會優先被「關切」，導師甚至會在班上公開對大家說：「那個在外面混的某某人，就是張進益的哥哥，你們不要和這種人在一起。張進益就是外面有『粉鳥櫥子』的人，知道嗎？」老師說的「粉鳥櫥子」，指的就是我在校外有幫派支援，但這種順理成章的說法，實在讓我非常不舒服，真是欲加之罪，何患無辭？

「是怎樣？哥哥是壞孩子，難道我一定也是壞孩子嗎？那些在混的鄰居大哥也不關我的事啊！」我心裡這麼想著。我感覺自己被冤枉了，有股莫名的怒氣不斷湧上來，我需要找點事情來發洩。

一開始，我只是向同學收取「午餐費」，因為那時大家不是自己帶便當，就是到學校福利社買便當。而我正值發育期，媽媽幫我準備的便當根本不夠吃，吃完很快就餓了，但是身上又沒錢買東西，於是我和幾個死黨就聯合起來，試著在樓梯口攔住經過的同學並威脅要揍他，看看他會不會給錢。起先我們沒有把握，但或許因為我們幾個人長得又高又壯，看起來凶神惡煞，果然就有人乖乖給錢。

沒想到這招竟然有效！我們這一群人食髓知味，覺得「這種生意可以做」，就這樣，本來只是肚子餓要吃飯而向同學索取午餐費，漸漸地，要到的錢變多了，反正是無本生意，而且又不是自己的錢，就開始亂花。那時流行喝一種叫做「萊茵香檳汽水」的無酒精氣泡飲料，有一回，我們又從同學那裡壓榨到一筆錢，但幾個人一時想不到怎麼花，窮極無聊下就去買了好多瓶那種香檳汽水，在學校操場裡用力搖晃後打開來對著彼此亂噴，一邊噴、一邊追還一邊叫，直到噴完為止。我們自己覺得這樣很好玩，但在旁人眼裡看來，我們就是既無聊又浪費的一群小屁孩。

後來，學校知道有同學經常遭到勒索，為了防止這種行為繼續擴張，就改用按月買便當券的方式。儘管如此，我們這群小屁孩還是有自己的一套辦法。我們先向同學勒索便當券，然後再加價賣給別人，譬如一張便當券原本是二十元，我們到手後再逼同學以二十五元的價錢買回去，如此一來比直接要現金還要多！總之，我們都自以為很聰明，卻不把聰明放在念書這件正經的事情上。

但俗話說得好，夜路走多了，總會遇到鬼的。這種藉由恐嚇來勒索同學的行為，雖然單筆金額只有幾十元，遲早會被同學或同學的家長告發。一旦被學校知道了，我們免不了又會遭到一番訓斥，然後再度貼上「壞孩子」的標籤。一想到這個，我胸口累積的鬱悶愈來愈高，不明白自己為什麼一定要接受這種不公平待遇？為什麼沒有人問過我為什麼需要錢？我心裡吶喊著：「我想要和別的孩子一樣吃好吃的東西！我想要穿漂亮的衣服和鞋子！我不是流氓！我也沒有想要當流氓！」

我開始覺得，那些好學生看起來實在很刺眼。因此，我們幾個人閒來無事就把他們叫到廁所打一頓，不為什麼，只為了發洩情緒。但痛打同學的結果，就是換來老師更嚴厲的懲罰。這讓我更氣了，不僅覺得那些好學生很刺眼，那些總是找我麻煩的老師更可惡！到後來，我連學校工友和老師都敢打！而我終於讓大家如願以償，變成一個令人頭痛、害怕的壞孩子。面對變壞的自己，我帶著一種報復成功的快感！

2

墮落的開始

我念國三時，爸爸已經漸漸不跑遠洋漁船，開始和媽媽一起照顧柑仔店的生意。當他回到家裡，發現哥哥和我叛逆到他無法想像的地步，讓他非常緊張。那時哥哥早已玩得不知去向，我雖然也是一天到晚鬧事，但或許爸爸覺得我還有救，便開始對我嚴格管教，可是似乎也為時已晚。

到了國三下學期，幾乎人人都在忙著讀書準備高中聯考。我也很忙，但我忙的不是準備聯考，而是計畫著弄到更多錢。有一次，我和幾個死黨盯上隔壁班一個女同學，因為她家境不錯，我們想綁架她，向她爸媽勒索。不過那次行動失敗，不但沒拿到錢，還被警察抓起來送回學校。

按照往例，我和幾個同夥在訓導處裡排排站。當時我並不知道自己做的事有多麼驚世駭俗，只知道窗外擠滿了看熱鬧的同學，黑壓壓的一片，比以前多了好幾倍。突然間，我聽到爸爸在外面大喊：「那個死孩子在哪？」我才驚覺：「慘了，爸爸知道了！」說時遲那時快，爸爸已經衝進來，啪的一聲，一記重重的耳光打在我臉上。

我當場愣住！我好生氣，爸爸怎麼可以什麼都不問就打我？這麼多人在看，他完全沒顧到我的面子！我真的氣壞了。我和爸爸四眼相望，就像兩頭憤怒的公牛正準備朝對方撞去。但我畢竟沒膽量反抗爸爸，只是像頭受傷的公牛往外面逃去。我感到很受傷，為什麼沒人願意了解我？爸爸知道我為什麼需要錢嗎？我也需要自尊的。這股氣讓我再也受不了這所爛學校、這個爛家庭！我不想再待在這個爛地方！

我不顧一切跑出去，在外面晃了好久，等到我的死黨在訓導處聽完訓回到家，便跑去他家住了半個多月。那段住在他家的日子裡，我繼續坐鎮指揮幾個同夥小弟，在學校繼續霸凌、勒索、收保護費。沒有爸爸的怒罵，也沒有媽媽在旁邊碎碎唸，我更可以輕輕鬆鬆、吃香喝辣。回家哪有這麼好？我根本不想回家！

過了一陣子，媽媽拜託同學來勸我，我才心不甘情不願地回家，算是給爸媽一個面子，但我和爸爸的關係正式決裂。從那之後，我闖的禍一次比一次大條，爸爸打我一次比一次兇，而我蹺家的時間也一次比一次久。每一次的打罵，每一次的蹺家，只是把我和家人之間的那道鴻溝挖得更深、更寬，尤其是與爸爸的關係。

一直到國中畢業，我覺得自己就像飛出籠子的小鳥，要我讀書，門都沒有。那時不僅我自己沒想過要參加聯考，父母也不懂得要報名才能參加考試，連老師們都不曾對我提起這件事，我想老師大概料準我考不上。

既然錯過了高中聯考，爸爸覺得還是要有書讀才行，就幫我報名了致用高中資訊科。但我一心只想跟著哥哥闖蕩江湖，既能賺錢又可出名。於是我白天背著書包上學，晚上就跟著哥哥混酒家。這樣的光景勉強持續了一、兩個月，我覺得白天和晚上的環境實在差異太大了，索性正式展開行走黑道的旅程，我就這樣成為中輟生。

那時除了哥哥，我還有五位很要好的哥兒們。有一天晚上，大家喝得醉醺醺，決定要歃血為盟，不但喝了血酒，還發誓「不能同年同月生，但要同年同月死」，然後在各自的左胸上刺了龍圖騰的刺青。

哥哥帶著我「走跳」江湖的第一份工作是在賭場、酒店圍事，也就是做些過濾客人、維持秩序的雜事。因為我的個子很高大，反應又滿靈敏，很快地就受到重用，從幫忙送「紅中」、「白板」（這兩種都是會抑制中樞神經、產生幻覺的毒品）給客人，然後慢慢地開始買賣「安公子」（即安非他命），做起所謂的「藥頭」。

但是哥哥禁止我吸食毒品。一來因為這些東西的成本很高又有暴利，與其自己用，不如用來賺錢；二來我算是他們之中聰明又會讀書的，因此哥哥和他的兄弟們計畫要好好栽培我，讓我有機會在集團裡擔任軍師或律師之類的職務，能對組織擴展和多角化經營有所幫助。

別以為黑道幫派平時逞凶鬥狠，好像只有蠻力，其實他們是很有組織力和頭腦的。例如，以現今毒品在校園如此猖狂的程度來看，毒梟便是運用「老鼠會」的運作模式先讓一個上癮，然後一個帶三個，擴散速度快得驚人。因此原本一個普通的學生可以非常快速淪為藥頭，甚至是小盤商。

但他們對待自己的人馬，就又是另一個做法。我曾親眼見過幫派老大將染上毒癮的小弟關在狗籠裡，一則表示訓誡，再則是要為他們戒毒，而這一關通常就是七天，也就是一個毒癮戒斷的週期。對於無法戒掉毒癮的人，他們寧可「處理掉」，因為對幫派來說，染毒太深的人不僅沒有利用價值，還可能拖累幫派。可見黑道份子非常清楚毒品的可怕，然而明知如此，他們還是為了暴利而藉毒來危害這個社會。

其實，黑道是非常聰明的，只不過他們的聰明是放在「傷害他人以謀取利益」的基礎，而不是在幫助別人。如今想來，只要憶起自己當年不知傷害了多少無辜的年輕生命，便感到既無知又自私。

事實上，每天浸淫在那種黑暗的環境裡，看到別人嗑藥之後變得飄飄然、快樂似神仙，很少有人不想躍躍欲試，尤其別人在一旁慫恿時，更是難以拒絕誘惑。但對方絕不會告訴你海洛因上癮的症頭，這種毒品只要不吸就會全身發癢，彷彿有千萬隻螞蟻在身上竄爬，你會哈欠連天、淚流滿面，周遭還會出現各種聲音要你自殘；當然，也絕不會有人告訴你吸多了K他命的後果，不僅終身要包尿布，大腦還會萎縮，記憶力嚴重減退。

享受了片刻快樂，之後就是痛苦得難以自拔！

第三章

黑道進修班

我第一次接觸到安非他命和海洛因幾乎是在同一時間，那是在我國中畢業後一、兩年，當時我已經開始做些賭場圍事、討債的工作，也經常幫忙藥頭傳遞毒品……

1

吸毒初體驗

許多年輕人接觸毒品，大多是一步步被毒蟲釣上鉤，先是紅中、白板或這幾年常見的K菸（混合K他命的香菸）這類三級毒品，因為價錢不貴，青少年取得容易，再加上旁邊的人慫恿時再三保證：「放心，絕對不會上癮。」或是說：「就算上癮也很容易戒。」因此，遇到難以抵擋誘惑時，我們總會自我安慰：「反正不會上癮，吸這一次就好。」

但就我個人經驗和我所認識吸毒者的經驗而言，我必須強烈提醒：吸毒，絕對會上癮，而且一旦上癮，絕對難戒！

說起我的吸毒和戒毒經驗，只能用「慘痛」兩個字來形容。我開始接觸毒品的經歷或許有些不同，但上癮後的痛苦以及對家人造成的傷害，卻和許多人一樣。

我第一次接觸到安非他命和海洛因幾乎是在同一時間，那時我已經輟學在外面混一、兩年，除了賭場圍事，也開始做些討債工作，甚至以暴力手段強取他人已註冊的專利權。雖然經常幫忙藥頭傳遞毒品，賺些額外的小錢，而且哥哥自己本身也吸毒，他還是一再警告我不准涉入。我雖然聽他的話，但每天在那種環境裡，看著吸毒的人飄飄欲仙似乎很快樂的模樣，心裡對毒品這個東西充滿了好奇。

那一天，我遇到一些不太順心的事情，心情很低落。剛好哥哥有事外出，一個藥頭建議我來一口安公子，說是可以解千愁，而且一再向我保證不會上癮。我實在受不了誘惑，想說姑且一試，反正不會上癮。沒想到吸了之後沒多久，我開始感到靈魂彷彿出了竅，身體和靈魂似乎分開了。我覺得自己在空中飛翔，而且會看到異樣的光芒，真是興奮得不得了！

就在我正嗨的時候，哥哥剛好回來，看見我不大對勁，知道我吸了安仔，氣得大罵我和那個藥頭，罵我不該去碰那種東西。糟的是，偏偏第二天要幫老闆去一家公司收帳，需要好好睡。可是吸都吸了，能怎麼辦？哥哥的解決方式更出人意料，他幫我打了一針海洛因，目的是要讓我可以入睡。那一針扎下去，又是一陣天旋地轉，我吐得一蹋糊塗，吐完後我真的就睡著了。但毒品這東西真的很奇妙，當你打下去藥性剛發作時，感覺非常不舒服，可是接下來會讓人精神百倍。由於這種經驗真的讓人太快樂了，之後再遇到挫折時，就會不由自主地想繼續依賴毒品，儘管現實生活中的問題根本沒有獲得解決。

接下來發生什麼事就可想而知。我不只販毒也開始吸毒，而且因為哥哥自己就是藥頭，我不愁沒有貨源，吸得比任何人都厲害。更要命的是，我一開始吸毒就被下猛藥，而對我下猛藥的，正是一再對我耳提面命要我別沾毒的哥哥。大部分的人一開始吸食海洛因是用吃的或用鼻子吸，隨著毒癮愈來愈深，用吃的或吸的都不過癮、不夠快的時候，才會改用針筒注射。而我第一次吸食海洛因就被哥哥用注射的方式，也就是俗稱的「走水路」，是最猛的那一種。以當時完全沒有吸過海洛因的經驗，這種做法很可能會要了我的命。

當毒癮日深，我和哥哥看到彼此的慘況，會一邊不斷告訴對方要戒毒，一邊不斷給自己劑量，真的非常矛盾！有時毒癮發作了，還會不計任何代價地亂打一通。一開始，我們還很講究，按照規矩準備美納水和消毒玻璃針筒，但毒癮發作、急著打的時候，連自來水都可以拿來用。

記得有一次在酒店裡，我和哥哥的毒癮都犯了，當時既沒有美納水，連杯白開水也沒有。情急之下，哥哥就用裝著粉末的針筒從他自己的鼠蹊部倒抽血液出來，讓血液和粉末混合了再打回身體。我看他這樣打法感到非常害怕，根本不敢嘗試，便繼續找找看有無可代替水的東西。最後找到了一瓶汽水，就用汽水摻著白粉打進身體裡，但這個方式根本就是拿自己的生命開玩笑！只是那時我們真的什麼都不懂，只知道過癮就好。其後幾年吸毒的日子裡，的確有好幾次瀕死的經驗，最後都驚險地從鬼門關被拉回來。那畢生的第一針毒品打下去，讓哥哥和我開始踏入無底的深淵，真的就是俗話說的「一步錯，步步錯」。

從我開始吸毒，哥哥就不再提起要栽培我繼續念書的事，我想，大概是覺得我這個弟弟完蛋沒希望而放棄了吧？雖然之後我們還是會經常互相提醒：「要戒！要戒！真的要戒！」但始終辦不到。

我從自己、哥哥和幾個好兄弟身上得到的經驗是，只要是毒品都有一個共同陷阱，幾乎都是在人的心靈最脆弱、防備心最薄弱的時候找上門，例如考試成績不好時、被父母或師長責備時或感情遇挫折時，這些時候都是毒品乘隙而入的最佳時機。而第一次接觸毒品的那種虛幻，是可以讓人暫時忘掉煩惱、逃避現實的。但問題來了，這些毒品的藥效有限，三、五個小時過後，不論你在藥效期間多麼快樂，藥效一消失還是得面對眼前的問題和困境。如果大多數人一時間沒有更好的抒發管道，很可能就會選擇繼續吸毒。

我的體驗是，所謂的「上癮」是心理層次大於生理層次的問題；吸食毒品會帶給人脫離現實的快樂，進而產生倚賴。因此，只要上了癮，心理的戒斷難度遠大於生理的戒斷；換句話說，心理的渴藥性是吸毒者最難克服的問題。這就好像工作累了想喝杯咖啡或抽根菸是同樣的道理，那是一種習慣性的倚賴。然而毒品對於身體可能造成的永久性傷害，遠比咖啡或香菸來得可怕！

咖啡喝多了會心悸，香菸抽多了可能罹患肺癌，長期使用毒品讓身體付出的代價更加嚴重。過去我長期注射海洛因的結果使我產生了幻聽、幻覺，而今我已經戒斷將近二十年，皮膚潰爛狀況雖然已經癒合，但手臂的血管依然下沉，肌肉硬化。雖然我看起來很壯，不過這些後遺症都是因為當年注射太多毒品，造成該部位的皮膚和肌肉長期潰爛與發炎所致。一年多前，我因為結石緊急送醫開刀，因為血管下沉的結果，護士根本找不到可以做靜脈注射的地方。但這樣的影響還算是輕的，我可以說是極少數的幸運者，真的十分感恩。

當年一起歃血為盟的六個好兄弟，現在也只剩下我一人，我是最幸運的一個。其他幾個陸續因為吸毒而死，下場都不是很好。想起當初大家的感情這麼好，真是不勝唏噓。

2

第一次入獄

我曾經兩次入獄，兩次都是因為吸毒，而且都是經過兩年多假釋出獄。我第一次入獄是在一九九一年，一九九四年假釋出獄，總共關了兩年十個月左右。被抓到的當時，我歸咎自己因為缺乏經驗才會這麼「衰」，現在才領悟到，那是上天賜給我懺悔改過的機會。

還記得第一次被抓時，因為知道到了警察局會搜身，就在搭警車往警察局途中偷偷把白粉塞在座椅縫隙裡，我想，抓不到我持有毒品的證據，罪就可以輕一點。

到了警察局，我的雙手立刻被反銬在鐵椅上。一開始警察果然找不到毒品，再怎麼詢問，我也死不承認，想說這樣應該沒事了吧。但警察也很精，看我嗑得「茫茫的」，覺得其中必有蹊蹺，於是死纏著我套話。不過我也很聰明，不說就是不說。只是紙終究包不住火，不知哪個警員忽然靈機一動，跑去翻查剛剛載過我的那輛警車，果然就在後座椅縫裡找出一包白粉，袋上還有我的指紋。這下我也無法抵賴，只好承認。然後他們把我抓去執勤的寢室，雙手銬在鐵床架上，不斷地用撞球棍打我，我痛到暈過去，醒來時已躺在醫院。我因為這一小包粉，被送進去關了兩年。

這是我第一次入獄。剛進去時，什麼人都不認識，也不懂任何規矩，一開始只好乖乖的。在裡面的老大告訴我，哥哥有交代他要好好照顧我，不要讓我愈陷愈深。但是身處在集體觀念偏差的環境裡，每天看到的都是壞人，聽到的也都是各自做過的壞事，怎麼可能學好？種種風氣和作為讓我覺得有老大可當靠山，於是開始走路有風。

二十多年前，政府還未實施獄政改革，監獄裡還存著許多陋規與潛規則。首先是對於「違禁品」的規定過於嚴苛導致的歪風，除了菸、酒、毒品是被禁止的，電視、收音機和現金也都是違禁品。但對於觀念偏差又不想改過的人來說，這些東西正是監獄裡很好賺錢的商品。此外，為了自己保平安，除了每月固定付給長官規費，逢年過節還會送加菜金。但是不論規費或加菜金，剛進去的菜鳥都不知道怎麼送、也不敢送，當然都是透過獄中號稱與長官關係良好的幫派老大統一處理。至於有多少錢能夠真正送到長官手上，我們不得而知，只能當做買心安；人在屋簷下不得不低頭，就是如此而已。

而即使關在監獄裡，仍然和外面的社會一樣，有錢好辦事。嚴格說來，現金本身就是利潤最大的商品，因為服刑期間，所有的日用品包括衣服、衛生紙、牙膏、肥皂等都須自己花錢買，但入獄檢查時，身上所有的錢都交給了獄方保管。於是，有經驗的人（不是自己坐過牢，就是周圍有人有入獄的經驗）就會運用各種五花八門的方式夾帶進去。譬如曾聽說有人入獄前把鈔票吞進肚裡，進去後再去上廁所，然後整張直接出來，洗一洗晾乾就可以用了。我第一次入獄還不懂這些方法，剛剛進去時沒錢花，真的很難過，第二次入獄前因為有心理準備，進去前硬生生吞了三張千元大鈔，結果第二天排出來洗乾淨後真的可以使用！當時一心一意只想到在裡面要有錢花，完全沒顧慮到萬一鈔票被胃液溶解，油墨可能毒死自己。不過這個方法只有在當事人入獄時可以使用。

但錢總有用完的時候，既然是監獄，能夠自由進出的當然只有管理我們的長官們，如果和長官關係夠好，就可以請他們幫忙帶錢，不過天下沒有白吃的午餐，既然請長官幫忙跑腿，付一些手續費是必要的。每隔一段時間，每個幫派的老大就會幫忙大家列清單，需要家人幫忙帶錢進來的，就去向老大登記，然後再把清單交給長官，請他幫忙跟家人聯絡拿錢。

當時委託拿錢的代價是每一萬元會抽兩千元，也就是抽百分之二十。如果要委託帶菸，則每帶一條長壽菸的價格是一千元（當時一條長壽菸的市價為二百二十元），換言之，每代買一條菸就可淨賺七百八十元。至於幫忙帶其他東西，就依東西而有不同的價碼。

錢帶進來之後，以當時的幣值來看，現金一千元可當兩千元來使用，但不能直接使用現金交易，而要用「開黑卡」的方式。所謂「開黑卡」，指的就是獄中專用的儲值卡，這原本是給受刑人用來買水果的，但只要你有辦法，買什麼東西都可以。當時存進黑卡裡的錢是沒有上限的，但只要一存進去，就不能再換回現金了，所有花費都要用黑卡計算。

既然能開卡，就一定也能「調換開黑卡」，即獄友之間可以彼此使用對方存在黑卡裡的錢，例如某老大想用哪個菜鳥的卡，只要交代負責蓋章的獄友就行。除了調換開黑卡這種手法，福利社負責蓋章扣款的人也能暗中「蓋黑章」，也就是任意扣掉卡裡的錢，例如原本一百元的東西卻扣掉一百五十元。甚至還有些更過分的人會開別人的黑卡，向福利社買內衣、四角褲等日用品，然後再以高價轉賣給其他獄友，做起無本生意。

反正進了監獄，沒勢力沒靠山的人固然很可憐，但若你是有錢沒勢的人，那根本是完蛋了，全牢房的人都可以用你的錢，就是要你一直花錢，如果沒錢花就修理你，要你想辦法再去找錢出來，我們稱這種人是「大肚仔」（台語發音）。總之，剛進去的沒錢不好過，有錢沒勢的更難過。

這種靠著開別人黑卡賺錢的歪風，在馬英九擔任法務部長期間推動獄政革新時改為一天一百五十元為上限，這才遏止了弱肉強食的怪異現象。

除了黑卡，香菸也是獲取暴利的交易。當時一包長壽菸二十二元，一條菸（共十包）就是二百二十元，但落入老大或是像我這種賣菸人的手上則飆漲到一千元。別以為這樣很貴，其實我們還可以再剝好幾層皮。

首先，我一包菸的基本賣價是八百元的卡費，大約現金四百元，不過價格還是得根據季節變化和老大的心情隨時調整。例如冬天天氣冷，老大召集幾個賣菸的人開會，一聲令下，大家就一起漲價。但為什麼天氣冷就要漲價？因為老大和兄弟們要吃火鍋。要讓主管願意幫忙「開小廚」，難道不需要錢嗎？錢從哪裡來呢？當然是賣菸所得呀！

什麼是「開小廚」呢？監獄裡有大廚房和小廚房之分，大廚房負責受刑人的伙食，吃得比較差；小廚房負責主管的伙食，以及販賣部所販售的台灣小吃，像是大腸麵線、甜不辣之類。在獄中，只要有錢有勢，就可以要小廚做些特別的餐食，特別是在冬天，兩、三天就能吃到砂鍋魚頭，吃香喝辣樣樣都來。但如果沒錢又沒勢力，就只能幫人洗衣服、洗棉被；所有受刑人都要自己洗內衣褲，若請別的獄友幫忙，行情價是一個月六百元的黑卡錢，如果沒錢付，有時候可用香菸代替。

♰

對於那些沒錢又想抽菸的人，我會拆開來分裝賣，即所謂的「老鼠尾巴」。一開始是用《聖經》的內頁紙來捲，因為夠薄，可是會有油墨的味道。大家最喜歡用十行紙，特別是寬格的那種，常常要家人一疊一疊寄進來，然後用它把分裝的香菸捲成六根，一根賣一百元。我也見過把一根菸分裝成十二根，這種就會賣給更缺錢的人。那麼細小的老鼠尾巴抽一口就沒了，我自己賣菸，又有靠山，菸都是抽整根的，有時我看到有人抽這種老鼠尾巴，覺得於心不忍，就會請他們抽一整根的菸，而他們都會感激得不得了，不斷地道謝，這也讓我間接收買了一些人心。

在監獄裡，打火機也很貴，即使用到沒油了，還是能賣給一些進出過監獄很多次又沒什麼錢的人，裡頭稱這種人為「老古力」。他們會利用公家發的棉被，抽出裡面的棉絮成鬆鬆的一條，再包上薄薄一層衛生紙，然後把它靠在打火機的打火石旁邊，啪啪啪的一直撥動那個滾輪。打火石產生的小小火星就會點燃那團棉絮，他們再用那個被點燃的棉絮來點菸。

就算打火機的滾輪壞了也不能丟掉，因為上面的打火石還可以利用。只要拆下打火石，將兩顆打火石互相摩擦產生火花，接著把沾有打火機油的棉花（從棉被裡拆下來的）引燃，就能用這棉花來點菸了。這個過程很麻煩，而且要很有技巧，用棉花引燃的時機又必須拿捏得剛剛好，困難度很高。在監獄裡，真的就是會為了那口菸而挖空心思、想盡辦法，用遍所有想得到或甚至想不到的東西。我剛進去服刑時，經常看到其他受刑人的家屬送來的「會客菜」裡都有「炒蔭豉仔」這道菜，起初覺得很奇怪，後來終於知道，原來打火石很像豆豉，利用這道菜就可以魚目混珠地把打火石送進來。

當香菸的供貨量較充裕時，有些人就會聚在一起賭菸。最簡單的賭法是「翻象棋賭大小」，或者賭大賭小、賭相差多少，任人押出老鼠尾巴的數量。另外就是比腕力。那時的我年輕力壯，比腕力從未輸過，但菜鳥並不知道我很厲害，於是大家就會聯合起來捉弄菜鳥。先是連輸幾局，假裝自己很弱，讓菜鳥小贏一點，等吃到甜頭後，再鼓動他下大注，只要他下的注夠大，我就發揮實力一次贏回來。如果對方有菸，就讓他用菸來賭，否則就想方設法逼他向家裡拿錢。

可以說，我在台中監獄十七工（台中監獄第十七工廠的簡稱）的日子除了行動不自由，靠著勢力過得還算舒服。但期間發生了一次鬧房，我依靠的這一夥人和另一夥人為了賣菸而大打出手。那次事件至今我仍記憶猶新，而且每次想到就難過，覺得自己實在不適合當流氓。而這件事也讓我體會到，有靠山的確可以吃香喝辣，但相對的必須付出更慘痛的代價！

3

地獄般的二十八天

在監獄的那段時間，記得有位大哥比我晚進去，算起來是「學弟」，我在進去之前就認識他了，但屬於不同掛的。

他在彰化是滿有地位的人，也有管道可以拿到香菸，因此，為了我們那幫兄弟的利益，便拜託他不要賣，有香菸給自己人抽就好。但香菸利潤這麼好，誰不想賺錢呢？一次警告、兩次警告，他都不聽。我夾在中間，感到很為難，他是我朋友，輩分又比我高，但老大要我處理，不處理又不行。有一天，雙方終於打了起來。我們把房舍區的門從裡面反鎖，不讓獄警們進來，然後我們三十幾人團團圍住對方八個人，四十多個人就在裡面大打出手，那時凡是能在牢房裡找到的東西，都被拿來當武器，那個場面根本不是電影《監獄風雲》可以比擬的。

突然間，警鈴聲大作，二、三十個長官拿著彈簧鐵棍大力敲打鐵窗欄杆，鏘鏘鏘的巨響伴隨著迴音和眾人的鼓譟聲，真是很震撼！獄警們在外頭大聲吆喝、要我們開門，但我們就是不開。

不記得鬧了多久，也不記得究竟拿了什麼「機私」、打了多少人，只記得忽然間聽到長官們大喊：「全部蹲下！全部蹲下！」原來，不知道是誰偷偷去開了鐵門，一大群獄警一擁而入。顧不了還有人向我揮拳，我趕緊蹲下，雙手放在頭後面。

當大家都蹲了下來，這才發現，有兩個人已經全身是傷的躺在地上，一副奄奄一息的模樣。長官指派了幾個人把他們抬出去，然後開始一一盤查是誰帶頭鬧事。

我那時候才二十歲，年紀最輕，而且進去不久，只是個小弟，所以在計畫要鬧房時，大家就講好由我扛責任，於是我二話不說站了起來。當下覺得自己好神勇，是個英雄！但接下來的二十八天如同在地獄般，被整得好慘，簡直就是狗熊！大家事後猜測，原本這種集體鬧房事件是必須上報的，帶頭和參與的受刑人都得接受懲處，才能起殺雞儆猴的作用。但這麼一來，這些長官也會因為管理不周而影響他們的考績。或許因為如此，他們不敢往上報，於是想辦法惡整我們。

記得當時我一站出去，對方也有一人站出來。主管就叫人抬來空的擔架，叫我們躺上去。接著，他要我們把手伸直貼著耳朵舉起，然後用手銬和腳鐐把手腳銬起來，再用很粗的麻繩把手和腳牢牢固定在擔架上，整個人呈一字型平躺，動彈不得。一看這情形，我想說，糟了，主管真的是故意要整我們！

接下來發生的事才真叫人永生難忘。

主管叫來四、五個獄友，兩人抬一個擔架，把我們抬起來，開始頭下腳上的從四樓走到一樓。其實走到二樓時，我就已經吐到全身都是膽汁，真的超級難受。

我們被抬到鎮靜室旁邊的籃球場，然後把我們打橫呈側躺姿勢，一邊靠牆，一邊靠地上，丟在那邊晒太陽。八月的台中真的是日頭赤炎炎，我被晒到頭昏腦脹，臉上流的究竟是眼淚還是汗水，自己都搞不清楚，那時只能自我安慰：「開玩笑，我年輕人，我扛。沒關係，只要過了這關，在裡面大家都會很尊重我。」

我們就這樣被丟在那裡晒了好幾個小時，主管每隔一、兩個小時來看我們一次，直到傍晚才抬回鎮靜室外面，然後又放在那邊大約八個小時，全身都不能動，也不准上廁所，想要尿尿時只好尿在褲子上。因為怕我們中暑，就用鹽水直接灌給我們喝。

我們被平放在地上又繼續躺了不知道多久時間，只記得陸陸續續抬進了好幾個人，大多是當天一起鬧房的，只有一人不是。那個人和我們一樣也是呈一字型躺在擔架上，唯一不同的是，他的手腳沒有用麻繩綁著。那人一直喊口渴，後來有個雜役餵他喝水，喝完後臉色發青，又被緊急抬走，之後就再也沒見過他了。

我後來聽說那個人是因為不服從管教、打了長官，因此而受罰。躺在鎮靜室時，他假藉要喝水，請那位與他熟識的雜役趁機給他迴紋針，他想藉著吞針申請保外就醫，這樣就不必待在監獄裡。誰知那支迴紋針正好卡在喉嚨，造成他呼吸困難、臉色發青。長官知道他的伎倆，硬是不送他去醫院，只是在獄中的醫務室裡餵他吃韭菜，最後一命嗚呼。想想這樣做真的很不值得，只是因為不想在裡面服刑，走險招吞迴紋針卻弄巧成拙，結果丟了自己的性命，真的太不值得了。

那晚躺在那裡真是狀況頻頻。平時和我同桌吃飯的阿喜仔竟然氣喘病發作！可能是因為鬧房加上在太陽下曝曬了幾個小時，壓力太大使得氣喘病發作。我聽著他咻咻咻地喘著，我的壓力也愈來愈大，感覺自己好像也快要喘不過氣來。我拜託長官把他抬去醫務室治療，但根本沒人理我們。阿喜仔平時氣喘一發作就得噴藥，不然可能會有生命危險。現在躺在這裡沒人管，心裡暗想可千萬別出人命才好。我們幾個人就這樣聽著他持續喘了好幾個鐘頭，說也奇怪，經過這番折磨，他不但沒死，後來氣喘好像也不藥而癒，這應該也算奇蹟吧。

ൠ

躺了幾個小時後，已經深夜了，終於有人來把麻繩拆掉，然後叫我站起來。但我怎麼爬得起來？我好久好久才爬了起來，整個身體都麻掉了，只剩下頭還有點知覺。除此之外，全身都好像不是自己的，過了好一陣子才慢慢地恢復感覺，那是一種又痛又麻、極不舒服的感覺。

好不容易終於站直起來，我看到面前三、四公尺處有個鉛水桶，原以為是要給我水喝，還暗自高興了一下。主管叫我過去，結果走近一看，發現不妙，裡面不是水，而是一堆各式各樣、很大的銅鎖頭。主管叫我挑一個，我就隨便挑了一個紅色的。接著他要我彎下腰，我也聽話照做，沒想到他竟然用那個銅鎖頭把我手腳上的鏈子扣了起來，我整個身體立時彎得像支髮夾，或者像是交通號誌的迴轉標誌「∩」。這時可以感覺到手銬、腳鐐、銅鎖頭加起來的重量，至少有十公斤左右吧。

接下來，主管要我以這個姿勢一步步挪移到鎮靜室裡。那裡共有六間隔離房，一間房關兩個人，而且非常陰暗，一走進去房間就暗了，感覺很陰森。房間約半坪大，呈長方形，地面至少比房外低了四、五十公分。裡面除了四面黑漆漆的水泥牆，其他什麼都沒有，連廁所也沒有，只有高高的屋頂上有個通風口，上頭罩著紗網，整個房間就只有那道光源而已，但到了下午六、七點就全都暗了，什麼也看不見，我只能縮蹲在黑漆漆的房間裡。

長方形房間的一端是門，另一端的地上有個洞，那是通到房外的一條小水溝，連接了六間鎮靜室，它的功能就是大小便用的「廁所」，但白天並不會沖水，實在臭得要命，只有晚上才會從水溝的源頭往下沖。

被關在裡面的人如果要上廁所得先大聲說「報告」，看守的主管說「准！」才能去。問題是我們都被綁起來了，根本沒有辦法自己脫褲子，只能請同一間的人幫忙。偏偏就是這麼巧，和我關在同一間的獄友居然就是被我砍的那個人。我們被關在鎮靜室期間都沒有換衣服，就是一件內衣和一條四角內褲，出來時，每個人的內衣只剩上半截，下半截都不見了，因為沒有衛生紙擦屁股，只好撕衣服來用。

在鎮靜室裡，我們唯一的「功課」就是靜坐。每天早晨六點不到就被叫起來，兩個人一個面向左，另一個面向右，然後從早上六點一直靜坐到晚上，大概坐到晚上八點半才能睡覺，靜坐期間必須保持清醒。

除此之外，鎮靜室裡的伙食也是令人畢生難忘。

為了預防關在裡面的人想不開而自殘，獄方幾乎不給我們任何餐具，三餐都是吃稀飯，而且全部用塑膠袋盛裝。一到用餐時間，就配給我們一人一袋稀飯和兩個保麗龍碗，一個用來裝水，一個用來裝飯，另外再給一支軟趴趴的塑膠湯匙。關在裡面將近一個月的時間，就用那兩個保麗龍碗吃飯和喝水。稀飯要從塑膠袋裡擠出來，就像一坨漿糊，再加上碗不是很乾淨，看起來實在很噁心，但肚子餓了還是得吃，不然能怎麼辦呢？做錯事就得承受懲罰的代價，所謂的「尊嚴」在那個時候是不存在的。

每天早上六點會檢查戒具，早、中、晚共三次。當主管在外面大喊「檢查戒具！」，我們就必須彎著腰走出去，站在各自鎮靜室的房門口。主管會用一根長長的鐵鉤伸進鐵銬和手腳間的縫隙，確認手銬和腳鐐沒有鬆動，如果鬆了，就會重新綁緊一點。

那時雖然是八月，但晚上睡覺還是會冷，主管就會拿軍用毛毯給我們。那種毛毯硬硬刺刺的，蓋了非常不舒服，可是不蓋又不行。就這樣，在鎮靜室裡關了長達二十八天。

為什麼是二十八天呢？因為主管接到公文，第二十九天那天，當時的法務部長馬英九會來視察台中監獄，所有關在鎮靜室裡的人都要轉到違規房。被放出來那天，主管帶我們去洗澡、換衣服。照鏡子時，被自己的鬼樣子嚇了一大跳，我瘦了整整一大圈，兩頰和眼眶凹陷，將近一個月沒刮鬍子，加上身體黑漆漆又臭兮兮，搞不好流浪漢看到我都會被嚇跑。現在回想起來，不禁覺得人的潛力真是無限大，竟然連這樣的環境也能熬過來。不過，當然也有熬不過來的人。

記得那時被抬到鎮靜室時，看見另一個已被曝晒好幾個小時的人放在那裡，不知道是不是故意嚇唬我們，當時他的臉色已經發黑。聽說他是因為太想出去，經常謊稱身體有病，跟主管吵著要看醫生，但因為之前有多次「狼來了」的紀錄，主管根本不相信他，於是他和主管爭吵而被處罰。記得我們關進鎮靜室後沒幾天，他就被抬出去，以後再也沒有看到他了。

而我從鎮靜室出來時，感覺彷彿重見天日、脫胎換骨。大家對我的態度變得很不一樣了，對我特別尊敬，我真的被當成英雄了。現在想想，當時的自己真是有夠笨的，要那些虛偽的尊敬有什麼用？多賣一些菸和毒品嗎？多賣只是多害人而已。

我剛從鎮靜室放出來時，身上的全套手銬、腳鐐和大銅鎖都還沒有拿掉。不知道長官是不是又在故意羞辱我，從鎮靜室到違規房的路上，他用一條鐵鏈像牽狗一樣的牽著我走，讓途中所經過的每間房舍裡的獄友都能看見我。而且其中還有一大段柏油路，我赤腳走在九月日正當中的柏油路上，灼熱的地面就像一塊燒熱了鐵板，我的雙腳頓時像兩片肉排在上面被煎烤著。

好不容易走到違規房時，我的雙腳早已燙傷，長滿了水泡，當晚水泡被磨破，血水一直流出來，連續好幾天晚上都痛得睡不著。我曾經請長官給我藥擦，但長官們都裝聾作啞、視若無睹。現在回想起來，對於自己的韌性感到很訝異，在那樣毫無自尊、身心都受到百般折磨的環境中，我到底是怎麼撐過來的？

進了違規房，那裡的狀況才真是叫做「可憐」。一間房舍包括廁所在內約三坪大，原本是四人房，卻擠進了十三個人，這麼多人連上廁所、洗澡都在同一個空間裡，根本沒有隱私可言。白天大家都是蹲著，其中兩個人還被叫去蹲在置物櫃上；晚上睡覺則是別人的頭對著你的腳側躺，而且還不敢起來上廁所，因為一上廁所回來，原本的位子就沒了。我因為是從鎮靜室出來，身上還戴著全副的戒具，也得整天蜷著身體，就這樣又熬了好幾天。

而我因為這一次的逞凶鬥狠受到的處罰，讓身體付出了長久的代價。從那時起，我始終有腰痛的問題，只要一發病，既無法久坐也無法久站，痛得坐立難安。醫生說是脊椎側彎、神經壓迫，這些症狀就是那段期間造成的後遺症。

那段時間的經歷真是如同人間煉獄，完全沒有人性尊嚴，因而此時的人心是很脆弱的。只要有誘惑找上門，或者有人願意給你當靠山，相信任何人都很難拒絕。而在那之後的某一天，突然有位「長輩」來與我會客，他拿出一串BMW的車鑰匙對我說：「快出來，我等你。」我當時心想，出來後又可以有一番更不同的作為了……

【二部曲】

眾神，救救我！

當時，我因為長期吸毒而嚴重消耗了大部分的體力和意志力。只要毒癮發作，整個人難過得只要有人願意給一口毒，就會什麼代價都願意付。而戒毒本身是一個痛苦的歷程，但爸爸一句「你要加油啊」，讓我深深感受到家人無怨無悔、不求代價的支持，而且支持的是像我這樣軟弱不堪的人，那份愛正是我重新站起來的最大力量。

第四章

愈陷愈深

假釋出獄時，我多少存著些許僥倖心理，經過獄中的兩年「進修」，覺得自己更厲害了。才剛出獄，哥哥就找我幫忙，我順理成章地繼續愈陷愈深……

1 身不由己

經過那次鬧房事件後，我心裡產生了恨，我恨那些惡整我的人，我想報仇。一九九四年我報請假釋出獄獲准，雖然出來之後曾想過要好好重新開始，因為只要想到爸媽來會客時，媽媽總是對著我哭，就覺得自己真的很不應該，很想悔改。然而「想要好好重新開始」的念頭只出現了片刻，立刻就被心中的恨所占據。尤其我人還在裡面，就已經有一些長輩、老朋友來會客，過往的念頭和誘惑立刻湧現。

特別是在我即將出獄的前幾個月，由於流氓管訓制度廢止，一大堆平時和我們隔離的重刑犯被轉送進來。看見這麼多過去在道上赫赫有名的超級老大在我眼前，我竟然興奮得不得了，心想怎能錯過這大好的進修機會？不和他們多學些一招半式，實在很對不起自己。

假釋出獄時，我多少存著些許僥倖心理，經過獄中的兩年「進修」，覺得自己更厲害了，應該不會衰到又被逮。所以見到爸媽時，哭歸哭，後悔歸後悔，但一轉身，誘惑當前，之前懺悔了什麼都拋在腦後，全忘得一乾二淨。我才剛出獄，哥哥就找我幫忙，我順理成章地繼續愈陷愈深⋯⋯

有一天晚上，我和哥哥約好回家處理事情。當我走到村口時，已經看到警車停在附近，但我還沒意識到發生了什麼事。原來警察已經得到風聲，知道我們兄弟倆要回家，於是埋伏在我家周圍等著抓我們。等到我發覺情況不對時已經來不及逃跑，只好硬著頭皮繼續往回家的路走去。

更糟糕的是，就在我快到家門口時，想起身上還有一小包「白粉」，這時哥哥已經先到家了，警察也在家裡到處搜索，想要找到犯罪證據。我眼看無處可藏，只好趁大家不注意時偷偷把白粉拿出來含在嘴裡，心想吞下去就可以湮滅證據了。哪知就是這麼不巧，我竟然被白粉噎住了。哥哥看我快要窒息，顧不了什麼證據，先救我的命要緊，他先是幫我拍背，然後又挖喉嚨。警察起先不知道發生什麼事，以為我被東西噎到，於是一起幫忙急救。大家七手八腳，好不容易讓我吐出東西，才知道是一包白粉，立即被警察逮個正著。然後我就進了地檢署，當天交保出來。

後來，哥哥想頂下一家卡拉ＯＫ店，但他只願意出五萬元，擺明就是要「吃」對方。對方覺得哥哥很沒誠意，竟然就掏出槍來，雖然當場沒有開起槍戰，但是對彼此都非常不爽，因而結下梁子，兩群人就鬧了起來。

雙方都撂了大批人馬從中南部趕上來，準備械鬥火拼。當時我們用的軍火比軍方還要強，是大陸公安在用的那種制式電子槍，利用電子式擊發比一般槍枝的速度快很多，什麼黑星、紅星，根本比不上它。

我們和南部上來幫忙的兄弟講好，萬一有人不小心被警察抓到，無論如何都不能讓警察查到我，因為我才剛假釋出獄，此時絕對不能再犯案。

大家約好兵分三路從南部上來，一組人先開車上來，另一組人負責送東西（槍械）過來，我哥則是單獨坐火車從南部北上，最後都在我家集合。不料，大家都還在途中時，我家附近的哨兵就傳訊息給我，說我家附近停了三輛警車。我們心想，這下不妙，原來警方已經得到消息，而且埋伏在我家附近。如果按照原計畫進行，一組人馬很可能全軍覆沒，我大概也會被抓回去繼續關。為了躲避警察耳目，這件事就這樣算了。

那個事件過後，我開始從台中、新竹、板橋、台北市跟著哥哥和長輩到處吃喝玩樂。經過大甲鎮瀾宮和三峽白雞行修宮時，還特別跑去求，求給關公做乾兒子，並捐錢祈求關公保佑。當時覺得理所當然，事後卻覺得很荒唐，一個好的神怎麼會保佑人做壞事呢？

後來，我又跟著一夥人去高雄。到了那裡就有另一組人來接待我們，今天你請我，明天我請你，酒店、Pub、KTV，五光十色的場所幾乎跑遍了，吃喝嫖賭無一不沾。至於那些吃喝玩樂的錢是怎麼來的？一九九三、九四年時，當時流行對著競選總部開槍，只要開著車到某個候選人的競選總部開個幾槍，錢就這樣送過來了。

但是錢來得快，去得更快，特別是這種黑心錢。那時因為有朋友在台中經營聲色場所和賭場，於是賭博、吸毒樣樣都來。但是吸毒吸到後來，什麼事都沒辦法做，連賭博也十賭十輸。接著，幻聽、幻覺也有了，變成除了吸毒以外什麼事情都不想做的狀態。

讓我真正開始有戒毒的念頭，主要與哥哥的過世有關。

2

哥哥走了!!

哥哥在一九九五年離開了！過世的原因至今仍是個謎。

在他過世前幾個月，我們兄弟倆都回到台中。某天哥哥對我說，他要帶小弟北上去收帳，至於是跟誰收帳，習慣上他不說，我就不問。於是他帶了三個小弟，身上還有兩把防身用的手槍和毒品，四個人就出門去了。而當時我萬萬沒想到，那竟然是我最後一次看見他。

當天凌晨，哥哥從台北打電話跟我說錢收到了，要我放心。而他可能想靜一靜，收完帳後就和三個小弟分開投宿，三個小弟住西門町，他則單獨投宿三重一家賓館。但隔了兩天我接到警察電話，竟是要我去台北殯儀館認屍！當下我真的無法接受這個事實，因為我從小和哥哥的感情非常好，兩人一起生活，連打架也一起。我真的無法接受哥哥就這樣走了。

一接到電話，我立刻趕到台北的警察局。警察說有人在賓館房間發現我哥而報案處理，他們還拿了兩張現場拍的照片給我看。我從照片就看出哥哥的後腦勺有血跡，便對警察說這個有問題。但警察說沒問題，而且他們都檢查確認過了，死因是吸食海洛因中毒。我問警察難道沒有送醫院？他說沒有，發現時已經氣絕身亡。我再仔細檢視照片，覺得這造假得太誇張了。

按照我哥的習慣，他會隨身帶著收到的錢，但他被發現的時候，皮包和 BB Call 都還在，浴室裡也有殘餘的海洛因和注射針筒，收到的兩百多萬現金和兩把手槍卻不翼而飛。我看著照片，心想完蛋了，我哥八成是被黑吃黑幹掉了，因為疑點非常多。

哥哥住的房間很大，床和浴室之間有點距離。根據警方記錄，現場發現注射針筒的位置在浴室，而我哥被發現時是趴在床邊，按照常理和他的習慣，他打完針會就地坐在浴室。於是我問，飯店的人記得他怎麼進來的？櫃檯人員說那天他喝醉酒，有人扶他進來。那麼是誰登記住宿？飯店卻說是他本人。我再追問，不是有人扶他進來嗎？警察就開始支支吾吾。

我到台北殯儀館認屍時，簡直要崩潰了，我看見哥哥的後腦勺被敲了一個大洞，手和腳都被反向扭到背後。我當場大哭起來，真的真的沒有辦法接受哥哥死得這麼慘！我要求驗屍，但驗屍的過程才真的教人受不了。

那天在相驗室，只見哥哥全身赤裸的放在冰冷檯子上。當法醫用手術刀唰的一聲從哥哥脖子下方一路劃到肚臍，我忍不住衝過去毆打法醫。我徹底崩潰了，哭到不支倒地，我拜託他們：「你們不要再弄了好不好？」

但是解剖工作已經開始，就要繼續進行。幾個人過來把我抓住，好讓法醫工作。我眼睜睜看著法醫一刀刀劃開哥哥的身體，摘出那些器官，當時真的覺得好恨！默默想著：一定要找到是誰把我哥哥害成這樣！

我們兩兄弟一起出生入死，感情好到可以為對方做任何事。每當我和朋友在外面出了事情，哥哥知道後就會立刻把人押來，要對方賠罪。有好幾次圍事發生械鬥，不是我幫他擋子彈，就是他幫我擋刀。如今他死得那麼慘，我絕不放過害死他的人！

然而哥哥過世將近二十年了，我始終沒有找到殺他的人，連一點點的蛛絲馬跡都沒有。我曾經質問跟著他去交易的三個小弟，為什麼收完帳的當晚沒有好好保護哥哥？我抱怨他們不夠義氣，試圖要他們給我一個答案。我也曾經懷疑過很多人，我想要繼續追究下去……

但家人把我攔住了，因為他們不想再失去家裡唯一的兒子。事實上，上帝也把我攔住了，藉著愛與原諒讓我放下仇恨。藉著記取教訓和遺憾，激勵我在服事工作上特別積極，用愛來防止像我哥這樣的悲劇一再發生。

第五章

重返監獄

因為哥哥的過世，讓我非常難過消沉，只能藉著毒品解悶。就這樣，我的毒癮愈來愈重，結果，我再度入獄。

1 拿到居士證書

我再度入獄，還是為了吸毒。

因為哥哥的過世，讓我非常難過消沉，只能藉著毒品解悶。就這樣，我的毒癮愈來愈重，終於在一九九七年，我再度入獄。

這次進去，我變乖很多。雖然在外面混了這麼久，人面比以前更廣，靠山也更多，但一方面因為哥哥的緣故，另一方面也因為我長期吸毒，嚴重消耗了大部分的體力和意志力。那時整個人的精神都是靠毒品撐著，當毒品藥效起作用的時候，它會把人體所有的能量提升到最高點，因此那個期間會產生錯覺，覺得自己好像比正常人還要正常，而且精神百倍，好得不得了。但只要藥效一過去，毒癮發作，整個人便相當萎靡，有的會全身發癢，有的眼淚鼻涕一直流，有的則會發狂似的亂打亂撞，難過得只要人願意給你一口毒，你會什麼代價都願意付。

吸毒到最後，什麼事都不想做、也沒能力做，更嚴重的會產生幻聽、幻覺，動不動就有一些神明偶像來跟我說話，最常出現的是封神榜裡的人物，像是瑤池金母、玉皇大帝、太乙真人……等等，不是慫恿我去撞車，就是要我去撞牆壁。他們要我橫過一條車水馬龍的馬路，還對我說：「安啦，別怕，車子撞不到你的。」當時我還真的聽他們的話衝了過去，而且真的沒事！可是一旁的機車騎士卻出事了，因為他被突然衝出去的我嚇了一跳，一個緊急煞車害他跌進田裡。這些痛苦體驗讓我真的不想繼續再過這種生活，真的很想戒毒，很想重新做個正常人，但我該怎麼做呢？

那時經過獄政改革，監獄中除了工廠之外，已經有一些課程可以上。我參加了宗教班，跟著佛光山來的法師唸經學佛。我很用功，心經等佛經都能倒背如流，後來還參加了佛學會考，居然考了滿分，最後拿到一張佛光山頒的「張進益居士」證書，我真的相信自己完全把毒癮戒掉了。

由於當時對佛教信仰得非常虔誠，對於來傳福音的牧師們就很不客氣，趁著擔任文書負責整理上課資料的機會，經常講話酸他們。有時還嫌棄他們帶來的麵包點心很難吃。現在想起來，覺得自己那時實在很幼稚。

2

鬼樣子

再度出獄後，我回到家裡，一開始真的不吸毒了。家人都為我感到開心，覺得唯一的兒子終於救回來了。我的生活恢復正常，想要找份工作，就和二姊夫商量，借錢買了一輛小貨車，接些送貨工作。當時認為，如果我能這樣繼續安分守己地工作與生活，那是再理想不過了。誰知道，魔鬼總是藏在縫隙中，誘惑也總是以不同的面貌出現。

有一天，一位同學的媽媽來找我，因為她兒子吸毒吸得很厲害，因得知我戒了毒，便希望我能幫忙勸阻她兒子。

我一聽說有這種幫助別人的機會，當然義不容辭，只要送完貨，有空就去找同學。因為他媽媽在經營一家Pub，我就經常陪他在Pub裡喝點酒，藉著喝酒的機會勸他戒毒。但同學有一搭沒一搭地聽著，有時覺得在自家喝得不過癮，還會開車載我到台中市區喝酒。

那一天，我們倆都喝多了。喝得醉茫茫之際，同學忽然提起：「我最近進了一塊『腳踏仔』，很純！要不要試試看？」

他口中的「腳踏仔」是吸毒者之間的黑話，指的是藏在鞋底走私進來的毒品。對於有過毒癮的人來說，一聽到「很純」，所有的意志力就崩解了。正好他家裡針筒、美納水等道具一應俱全，兩人便回到他家，一人一針打了下去。我邊打還邊對他說：「這一筒打完，我再也不打了。」

但事實上，這一針打下去，我之前所有的努力全都破功了。最諷刺的是，我原本是要來勸人戒毒，卻因自己不夠謹慎，讓自己置身在Pub這種充滿誘惑、會削弱意志力的場所，結果不但善事做不成，反而又把自己拖下水，再度染上毒癮。

♧

毒癮發作時真的很難過，起初哈欠連天，接下來眼淚、鼻涕、口水一直流，然後是全身發癢，彷彿有上萬隻螞蟻在身上竄爬。這種時候唯一的解決方法就是再來一針，如果沒打，就會開始出現許多奇怪的神明來和我說話。總之，就是出現一大堆亂七八糟的幻覺。

說起來真的很悲哀，到最後，我打毒品只是為了讓自己看起來像個正常人，因為開車送貨的工作還是得去做，又不能讓家人知道我再犯毒癮，只好躲躲藏藏地在外面吸。儘管我表面裝得若無其事，但是爸爸媽媽應該已經發現我有些不對勁。他們可能不放心我吸毒又開車，又怕把事情說破會讓我惱羞成怒，於是他們會藉故跟著我出去走走，陪我一同開車送貨。

記得有一回我毒癮又犯了，藉故要上廁所，其實是下車打毒品，讓媽媽獨自在車上等。但打毒品遠比上廁所的時間要來得久，為了怕媽媽懷疑便打得很急。那時我的凝血功能很差，打完後回到車上，一邊若無其事地開車，剛打針的手臂則一邊流著血。媽媽見我在流血就開始掉眼淚，我猜想她已經知道了，但是，很無奈，我能怎麼辦呢？

又有一次，我正窩在房間裡「過癮」，沒想到一針打下去時，抬頭竟然看到媽媽站在窗外看著我。她又哭了，她那絕望傷心的眼神讓我好難過，覺得自己很對不起她。

媽媽知道我又開始吸毒後，她幾乎每天以淚洗面，就連去參加親戚的喜宴回來也在哭。原來那天喝喜酒時，同桌一位親戚關心地問我最近是否又在吸毒？因為那位親戚的女兒在開藥房，而我曾到那家藥房買一整盒注射針筒，因此他提醒媽媽要多注意。如此丟臉的事竟然當著眾人面前說出來，讓媽媽羞得無地自容，一路哭回家。回到家只能邊哭邊唸我，拜託我給她留點面子。我聽了也很難過，但原本就是自己不對，不能怪別人。

我的毒癮愈來愈重了，漸漸地已經無法繼續開車送貨，只能整天窩在家裡吸毒。偶爾照一下鏡子，都會被自己可怕的模樣嚇到，一個身高一百八十五公分的人，瘦到只剩下五十多公斤，手臂和大腿上滿是針孔和潰爛的傷疤，人不像人，鬼不像鬼。後來，我連鏡子都不敢照了，因為怕被自己的鬼樣子嚇到。真的很可怕！

因此，這次我真的下定決心要戒毒。聽說我決定要戒毒，當然獲得全家人的支持，爸爸、媽媽、姊姊和姊夫們都一起幫忙打聽戒毒的方法。對我而言，戒毒本身更是一個痛苦的歷程。

在親戚、朋友的推薦下，我嘗試了各式各樣的戒毒方法，包括催眠、針灸、各種中西藥物以及無數民俗療法，記得我還花過好幾萬元求了兩百張符，再把這些符燒掉做成符水喝掉。沒錯，真的很誇張。但更誇張的是，沒有一種方法是有用的。我記得有幾次因為毒癮犯了大鬧醫院，弄得家人超沒面子，當然我自己也覺得很慚愧。可是一旦染上毒癮，真的就是那麼不顧一切的想要吸毒；毒癮就是這麼可怕！

其中一次大鬧醫院是在大甲光田醫院。那一次是我自己決定去住院戒毒的。住院之後沒多久，毒癮就開始發作，我要求醫護人員多給我一些嗎啡，但他們當然是不肯給，於是我吵著要出去，當然也是被擋了下來。眼看要求的事情都無法達成，我開始在護理站大吵大鬧，還打電話找了兩個小弟一起來砸。護理站的醫師、護士大概也見多了，根本不理我。這讓我更氣了，開始又摔又砸。由於鬧得太厲害了，醫院的保全人員跑來制止我們，結果我們連保全人員一起打。

後來，我的家人接到醫院通知，全家一起跑來。爸爸看我鬧成這樣實在不像話，不僅把醫院砸得稀爛，還打傷了人，他擔心萬一鬧到警察局，我又被關起來該怎麼辦？然後我就看到一個七十幾歲的老人家跪下來向醫生、護士道歉。看到這個情景，我心想：「你兒子我是七逃人（指混黑道的人）哪！你居然在這裡向人家下跪?!拜託，這樣很丟臉耶！」

我更加暴怒，鬧得更兇。最後，不知道是誰偷偷從我背後打了一針鎮靜劑，才讓我安靜下來。再醒來的時候，我的雙手、雙腳都用繃帶綁在加護病房的床上。

在這種狀態下，我發現用吵鬧的方式沒用，便裝乖用騙的。護理長看我安定下來就陪我聊天，還送我一本書。但那時我一心一意只想吸毒，怎麼會想要看書呢？於是我騙那些小護士，要她們去護理站拿無線電話機給我，然後趕緊打給原先要勸他戒毒卻戒不成的同學。電話中，我隻字不提毒品的事，卻能讓他聽懂我其實是來要毒品。他很快就把毒品、美納水和針筒送來給我，而我就在加護病房裡蓋著棉被偷偷打毒品。正專心推針時，沒注意到主治醫師已經來查房。他走進來把我的被子一掀，看到我正在打毒品，氣得破口大罵：「你知不知道，你還有一兩天就可以戒斷了？這樣根本是前功盡棄！」

他還把負責照顧我的護理人員也叫進來一起罵，責備他們沒有把我看好。我被罵得惱羞成怒，就和他對罵，直嚷著我要出院。他一聽到我又鬧著要出院，簡直氣壞了，怒氣沖沖地說：「你馬上出院！再不出院，我就要叫警察！」

於是我真的出院了。那次的戒毒行動宣告失敗。

但我必須要說，台灣真正擁有專業人員的戒毒機構真的太少了。對於戒毒者在戒斷期間所承受的痛苦，以及因為痛苦產生的危險性，無論是對自己、對他人或環境可能造成的安全威脅，勒戒照顧機構所知都非常有限，以至於當戒毒者出現傷人傷己的的破壞性舉動時，醫護人員往往連自身的安全都有顧慮，更遑論照顧病人。

3

慈父的呼喚

我的毒癮實在太深了，每一次發作都搞得天下大亂，有一次的狀況比醫院那次更加誇張。

那一次原本是要去勒戒所的。進去的前一天，我心想，反正都要戒了，進去之後絕不可能給我任何毒品，之前幾次戒毒經驗真的讓我覺得生不如死，不如趁現在一次多打一點，如果死了就一了百了。於是我跑去買了一支很大的針筒，容量至少有平常的六倍多！我把它裝得滿滿的，一次打下去，但那針下去，我立刻昏迷。

家人發現後立刻叫了救護車，趕緊送往光田醫院急診室。但醫師急救不成，覺得我可能沒救了，不敢收容。爸爸不想就這樣放棄，千拜託萬拜託的請醫師幫我辦轉診，然後又把我轉送到台中榮總毒物中心急診室。那時我已經沒有意識，唯一記得的一幕是，我看到眼前只剩下一道白光，我連身上穿的衣服都變成白色，而我正朝向那道白光走去。朦朦朧朧中我隱約聽到爸爸說話：「你要堅強！你要堅強！剩你一個而已，你要堅強！」

當時的感覺是，我一直不由自主地往那道白光前進，含著眼淚向爸爸拜別。但是耳邊又聽見他難得的溫柔呼喚，心裡覺得好難過，好捨不得爸爸……

當我醒來時，人就躺在榮總的加護病房。剛醒來時，頭部感到很沉重、很不舒服，就在慢慢恢復意識之後，發現了一件事：怎麼有點滴瓶掛在旁邊？但點滴的針頭既不在手背上、也不在手肘上，腳背上也沒看到。

那到底打在哪裡？我繼續摸索，發現點滴針頭竟然打在脖子的大靜脈上！

原來我的手臂和大腿早就因為長期注射毒品，導致皮膚潰爛、血管下沉、肌肉凹陷，甚至引發了蜂窩性組織炎。護士找不到血管下針，只好從頸部大靜脈扎入。我一摸到脖子上的軟管，突然感到很高興，心想：「太好了，以後水路就直接從脖子上走，不用從手上打，這樣更快。真是太好了！」一想到這裡，整個人精神都來了，開心得要命！

於是，我決定要回家。我又開始矇騙護士，東拉西扯的，騙得那位護士把加護病房第一道門的保全設定都打開了。眼見第二道門就要開了，我就可以偷溜出去，但主治醫師居然在這節骨眼出現了！

儘管被發現了，我還是堅持要出院，因為我想回去利用這根插在脖子上的軟管，把毒品打進去，好好過癮一下！

醫師告訴我，要出院可以，但需家人簽署切結書，才能把我帶回去。後來家人趕過來，被我鬧得無可奈何，只好簽下切結書，辦理出院手續。

離院前，護士動手拔掉我脖子上的軟管。這怎麼可以？我出院的目的就是要保留那根管子啊！我立刻跳起來說：「誰都不可以碰這根管子！不然我跟他沒完沒了！」最後的結局還是一樣，爸爸大概又是拜託醫院幫我打鎮靜劑。醒來時，我又是被五花大綁的躺在病床上。

如今回想起來，對我當時的偏頗想法實在感到不可思議，竟然為了倚賴毒品，而有這樣扭曲的觀念?!吸毒吸到這步田地，真的很悲慘！

由於毒癮已到了無法自拔的程度，每次施打的毒品量愈來愈重。後來有一回，我又因為吸毒過量而昏迷家中，再度送往台中榮總的加護病房。

當我醒來時，看見爸爸趴在病床邊睡著了。我不知道他在這裡守了多久。我發覺爸爸頭頂的頭髮幾乎都禿了，剩下的頭髮也差不多全白了。爸爸是什麼時候變得這麼蒼老？我居然都沒注意到！

我伸手想去摸摸爸爸的頭髮，卻不小心把他弄醒了。爸爸抬起頭來，看到我只說了短短一句：「你醒了。」接下來就不知道要和我說什麼了，只是緊緊握著我的手，雙眼盯著我看。我感覺到爸爸那雙手好粗、好多繭，可是好溫暖。爸爸是個受日本教育的傳統男性，很不擅長言辭，但此時的我因為經過急救，又是催吐又是插管，根本沒法說話，只能靜靜盯著他看。

父子倆也不知道這樣對望了多久，終於爸爸說了第二句話：「你要加油啊！」這時，我已經嗚嗚咽咽泣不成聲，淚水布滿臉上，又流到脖子，連枕頭都是溼的。

那個當下，我才知道自己有多麼軟弱。我真的好怕死，好害怕離開我的家人！明明知道家人這麼愛我，我也真的很想戒毒，但為什麼就是做不到？我好恨，好恨自己，為什麼這麼不爭氣？

經過那次在醫院與爸爸的獨處，讓我深深感受到家人的愛，是那種無怨無悔、不求代價的支持，而且支持的是個像我這樣軟弱不堪的人，那份愛是我重新站起來的最大力量。也因為這股愛的力量，成為我日後想服事少年之家的最大動力；很多孩子之所以會走錯路，就是因為失去父愛、失去母愛，我想給他們毫無條件、用不完的愛，同時也期許自己扮演這些孩子在世上的父親，彌補他們過去所失去的愛。

第六章

唯有相信，別無他路

每次要進勒戒機構之前，爸媽都會陪著我去，我知道他們始終沒有想要放棄我，雖然幾乎每一次都失敗，我的家人真的從來沒有放棄過我。

1 奇蹟

吸毒要付出的金額固然很高，但戒毒的費用其實也不少。從我第二次出獄到整個人生命翻轉的兩年期間，家人為了我吸毒和戒毒幾乎要傾家蕩產了，所付出的心力更是難以形容。

每次要進勒戒機構，爸媽都會陪著我去，或者更正確的說法是，押著我去戒毒。進去之前爸爸只會說一句話：「你要加油啊！」雖然就只是這樣一句，他的眼神卻滿是那種說不出來的傷心和期盼，讓我根本不敢直視他的眼睛。為了逃避那個眼神，我只能匆匆敷衍說：「我知道啦！」然後趕快躲進病房裡。我嘴上說不出來，但心裡知道他們始終沒有想要放棄我，雖然幾乎每一次都失敗，我的家人真的從來沒有放棄過我。

直到一九九九年的某一天，希望再度出現，儘管我和家人都沒有把握這一次是否又會失敗……

那一次我本來是打算要到另一個戒毒中心的，但報了名後才知道，還要再等二十八天才有床位。我心想，這也未免太巧了吧？之前關進鎮靜室也是二十八天哪。但這次我實在無法再等了，二十八天，真的太長了，因為毒癮讓我太痛苦了！

這時，姊姊打聽到有位朋友在仰望福音之家（這是一間位在苗栗的機構，目前已停辦）服務，而且那個機構不用事先繳錢，只要成功戒癮之後再繳錢或者回去當志工，最重要是立刻就可以進去，於是就去拜託那位朋友讓仰望福音之家收容我。但因為那個機構原本是以戒酒為主，並沒有輔導戒毒的相關經驗，起先他們還拒絕了我們的請求。後來姊姊直接去拜託負責的牧師，牧師勉強答應了，但也告訴姊姊要為我禱告，求主耶穌帶領他幫助我。於是我就這樣被送進去了。

進去之後發現，怎麼會什麼藥都沒有，整天就只是跟著牧師讀《聖經》、唱歌（後來知道其實是在唱詩歌）、禱告？我覺得很火大，這樣怎麼可能戒毒呢？而每當我毒癮一發作，這把怒火就燒得更大。

毒癮發作時的那幾天真的讓我生不如死！最初一、兩天，皮膚癢得像有上萬隻螞蟻在身上爬，而且一直打哈欠，鼻涕口水流不停。我哀求他們給我一點點海洛因，讓我過過癮，但他們不理我，只是幫我禱告，甚至要我讀《聖經》。開什麼玩笑?!那種時候我哪能讀得進去？我一把無名火就上來了，一個箭步撲上去想打牧師，幸好旁邊有五、六個人把我抓住。

接下來的幾天愈來愈難過，難過到發狂，見到東西就摔，見到人就想打。我吃不下也睡不著，根本沒辦法閉上眼睛睡覺，一閉上眼睛，封神榜裡的仙人們就會輪流來和我講話，有的笑我幹嘛來這裡活受罪，跟著他飛來飛去有多好；有的繼續慫恿我去撞牆、摔桌椅；有的索性要我逃出去。配合他們的軟硬兼施，他們出現時的形象也愈來愈恐怖猙獰，嚇得我根本不敢睡。

隨著我發狂胡鬧得愈來愈嚴重，迷迷糊糊、吵吵鬧鬧當中，有五、六個人把我關進一個長長的「木屋」裡。起先我以為是怕吵到別人，後來清醒時聽那些志工弟兄的描述才知道，那段期間我曾經很安靜地蹲縮在房間一角，他們覺得我這樣很可憐，便讓我出來在院子裡走走。但沒想到突然間我又變得很狂暴，打了好幾個人之後想逃跑，一群人七手八腳地試圖抓住我，最後是出動了六個人才把我制服。偏偏那時牧師外出，幾個人不知道該怎麼辦，情急之下就把我關進院子的一個貨櫃屋裡，也就是我以為是

「木屋」的房間。

被關在貨櫃屋裡的那段時間（我已記不得有多久時間），應該是幻聽幻覺最嚴重的時候，我只要閉上眼睛想睡一下，幾個妖魔鬼怪又輪流出現來慫恿我去撞牆，要我撞開牆壁逃出去。不過我對當下的事情已經記不清楚，只知道再回去看那個貨櫃時，發現貨櫃的內壁有幾個地方被撞得凹下去，連柱子都撞歪了。可見我發作當下的蠻力有多強！

總之，我就這樣不吃不睡、大吵大鬧了六天六夜，我被那些妖魔鬼怪折磨得沒力氣了，大聲叫人開門也沒人理會。我獨自一人被關在狹長的房間裡，分不清究竟是白天還是晚上。

我真的好累好累，真的不想再和那些妖魔鬼怪打交道了。沒想到這個念頭一起，所有小時候到那時的回憶都一一浮現在腦海裡，包括小時候跟著哥哥姊姊玩、國小時候蹺課、國中時候欺負同學又蹺家、參加幫派時與人火拼等，那些記憶就像錄影帶一樣在眼前播放，最後，當爸爸、媽媽、姊姊和死去的哥哥出現時，他們那種傷心欲絕的眼神讓我徹底崩潰。

我開始放聲大哭。我錯了！生平第一次覺得自己錯了。我好對不起爸媽！於是我想起來，牧師說要禱告，但我從來沒有禱告過，也不會禱告，只好照著自己的意思說：「耶穌，如果祢真的是神，就像他們說的一樣，只要祢幫助我把毒戒掉，我就一輩子都給祢用。」就這樣，我邊哭邊禱告，不知不覺睡著了……

不知道睡了多久，我被外面的鳥叫和唱詩的聲音叫醒。一醒來時，那種好清新的感覺很難形容，就像從裡到外都被清水徹徹底底洗過一遍，那種很難過的感覺竟然都沒有了，這大概是我這輩子睡得最好的一次吧。

我大聲喊：「外面有人嗎？請幫我開門好嗎？」可是附近好像都沒有人。過了一會兒，聽見有兩位男志工走到窗外，於是我請他們幫我開門。起先他們猶豫了一下，大概是怕我再鬧事。我向他們解釋：「我好了，沒事了。只是肚子很餓，很想吃東西。」是啊，這麼多天以來，這是我第一次感覺到肚子餓，真是太神奇了！

兩位志工聽說我想吃東西，便趕緊去找吃的，同時也找人幫我開鎖。當我踏出那個貨櫃屋、呼吸到第一口新鮮空氣，這才發現自己身處在山林中……原來樹木的顏色這麼青翠，吱吱喳喳的鳥叫聲如此悅耳。這裡，原來這麼美。但那個受到毒癮挾持的我，以前都沒有注意到。

過了一會兒，有人端來一碗稀飯，他抱歉地對我說，因為早餐時間剛過，只剩下這碗稀飯。但我因為真的很餓，二話不說端過那碗稀飯，唏哩呼嚕開始喝了起來。我心想：「哇！原來稀飯這麼好吃！這是我一生中吃過最好吃的！」一生平第一次體會到，原來一碗白稀飯竟然這麼香甜。

吃完稀飯，我聽見有人在唱詩歌，受到吸引便走到那群人旁邊。他們看見我走過去，邀我一起唱。說真的，我根本不會唱，但我很願意和他們站在一起。那歌聲實在太好聽了，我感覺就是要唱給我聽的，每一字、每一句都唱到我心坎裡，胸口和胃裡彷彿有一股暖意在流動，而那股暖流又直衝到頭頂和眼眶。我忍不住哭了，哭到跪在地上、無法自己，我清楚知道，我得救了。我終於得救了！

在那之後，我又繼續住了兩個月，期間只要聽到詩歌，我就會哭個不停。更奇妙的是，從那一天起，直到現在，不要說毒品，就連香菸、檳榔也都不想碰。說起來真的難以置信，但這就是上帝的大能！

♆

我戒毒成功了！我真的戒掉了！對大多數染上毒癮的人來說，這絕對不可能。但因為靠著神、向神呼求，祂就垂聽憐憫了走投無路的我。

這不僅僅對我、對家人是天大的好消息，對仰望福音之家也是。因為我這個成功案例，給了負責人林牧師很大的信心，讓他決定在原本服事工作之外，再開辦戒毒的事工。而我自願擔任協助戒毒的志工，負責陪伴前來戒毒的人。透過陪伴，我看到每個人戒毒過程的形形色色，看看別人再反觀自己，我才真正體會到，原來自己當初的樣子有多麼恐怖。

在我陪伴的個案裡，有兩位是我至今印象相當深刻的。其中一位是會不斷吐口水，一旦有人靠近他，他就會對著人吐口水，所以經常有人被他吐得滿臉；另一個人更恐怖，只要他醒著沒睡覺，就會不時用食指和中指戳別人的眼睛，那是一種無法自主的強迫行為。那時同一間通鋪房間裡除了這位會戳眼睛的老哥和我，還有另一位也在戒毒的人，而我為了保護另外一位，只好睡在他們倆中間。可是我也很害怕被戳到呀，這該怎麼辦呢？我只好背對著他側臥，然後用被子把頭蒙起來，這樣我才敢睡。所以，當志工也是有危險的。

不過，當志工也不盡然都會遇到不好的事。遇見淑慧，我的妻子，就是我畢生最幸福、最美好的事情。那時，淑慧正好也是仰望福音之家的志工，初見到她的時候，我彷彿見到一位善良可愛的天使。

2

最美麗的祝福

我在仰望福音之家的工作，一開始主要是負責開車載水、採購，那時淑慧常常來幫忙。與她相處的過程中，我發現她和我之前認識的女人都不一樣，她好單純、好安靜、好可愛，讓我好想追她。藉著和她一起工作服事，我逐漸了解到這個單純女孩的家庭背景。

她來自泰雅族的家庭，父母親都是教會長老，而她原本就是個很愛主的單純女孩。遺憾的是，國中時跟著表姊接觸到外面的花花世界，讓她開始覺得自卑，覺得自己樣樣不如人，甚至得了躁鬱症，發病時還會出手打家人。她明知這樣不對，可是一發病就無法控制，讓她非常痛苦。

有一天，她最要好的同學喝農藥自殺了，當時她就想，她也來喝農藥好了。就在她準備喝下農藥的剎那，腦海中忽然浮現一個畫面，那是她的追思禮拜，家人面對她的棺木哭得好傷心。她忽然醒悟，不能再這樣苦待自己了。於是她放下農藥瓶，向神禱告，請求神治癒她，她願意給主用。如同神垂聽我一樣，神也垂聽了淑慧的禱告。她的躁鬱症果然漸漸好轉。她康復了，接著就在仰望福音之家服事，這是她確定康復之後的第一份工作。

然而那時我才剛戒毒，手上沒有積蓄，每個月還要償還仰望福音之家一萬元（這是當初講好的戒毒費用），負擔不輕又沒有正式工作，我拿什麼和人家交往？心裡很猶豫到底該不該追她。

終於有一天，在志工團契的聚會上，我鼓起勇氣公開表示，說我想和淑慧交往。當下包括牧師在內的所有人，都被我這突如其來的舉動嚇到。唯一沒被嚇到的是淑慧，她只淡定地說一句：「好哇。」我一聽，真是好高興，沒想到居然這麼容易。但是還有雙方父母的關卡要過。

交往了一陣子之後，我先帶淑慧去見我父母。可想而知，爸媽見到淑慧後都好喜歡她。對於曾經是個無可救藥的我竟能找到這麼乖巧美麗的女孩，他們真是滿意極了。可是我很害怕，擔心過不了淑慧父母那一關。那時我的工作遇到瓶頸，驅使我去念神學院，為了生活，還一邊開車送貨，每週來回台中和桃園至少三趟。對於我這樣一個前科累累又身無分文的窮小子，實在很難向淑慧的爸媽開口，請他們把寶貝女兒嫁給我。

事實上，我之所以去念神學院是因為我在仰望福音之家服務不久，就調到一個新設的少年收容約書亞中心工作。送到約書亞中心的孩子大致有兩種狀況：一種是犯過錯，到這裡來接受行為矯正；另一種是家庭失能，無法繼續教養孩子。其實兩種狀況的孩子都不好管。那時因為自己有所改變，就覺得這些孩子理所當然也能改變。但當我勸他們的時候，他們就回嘴頂撞：「你又不是我，你怎麼知道？」我自己也反省，的確，我不是他們，怎麼知道他們到底需要什麼？我的經驗並不能直接套用在他們的人生上。我的挫折感很深，覺得好無力。我該怎麼辦呢？在我為這些孩子禱告祈求平安時，油然升起一種感動——我想去念神學院，學習用神的話語來陪伴這些曾經受傷的年輕人。

於是我決定離開那裡，報考拓荒神學院。同時，在二姊夫的資助下，我買了一輛小發財車，在台中地區幫人送貨賺錢。每個禮拜有三天時間開車到位於桃園龍潭的神學院上課。

但是，窮女婿終究得拜見岳父母。我硬著頭皮和淑慧去見她的父母。沒想到，當他們知道我們倆都在仰望福音之家協助別人戒酒和戒毒、做服事神的工作，竟然一口就答應我們的婚事。只不過兩位老人家也不是完全沒有條件就答應，他們要我們倆專心倚靠神、同心服事神，絕對不可以走回頭路。任何一個人都不可以！

在雙方父母親都支持祝福的情況下，我們很快就結婚了。結婚那天，大家起鬨問我們要生幾個小孩，我開玩笑地說，神要我們生養眾多，既然舊約上以色利人有十二支派，那我們就生十二個好了。

雖然才新婚，我們夫妻倆的壓力就很大，當時我還沒自神學院畢業，還得開車送貨，實在無暇考慮生養下一代的事。偏偏我的家庭很傳統，加上哥哥早逝，傳宗接代的責任就落在我和淑慧身上，大家都希望我們盡快有小孩。但上帝似乎在考驗我們倆的信心，而且這項考驗還滿嚴厲的。

❦

結婚後幾個月的某一天，正當在工作的時候，淑慧突然覺得肚子疼。

那時她以為是壓力太大導致胃痛，想說吃個腸胃藥就會沒事。但一、兩天過去，仍然痛得受不了，於是去看腸胃科，醫師沒有做其他檢查，只是開了腸胃藥就讓她回來。可是吃了藥後非但沒有好轉，到了半夜更是痛得在床上打滾。我看情況不對，來不及打電話叫救護車，便抱起淑慧，三步併兩步地跑到鄰近的聖保祿醫院掛急診。急診室醫師緊急為她安排了好幾項檢查，最後確認是子宮外孕，必須立刻開刀。幸好及時送到醫院，再遲一點恐怕會造成血崩，有生命危險。

淑慧開刀痊癒後，我們完全沒想過子宮外孕手術可能造成的後遺症，只是一心期盼趕快有孩子。全家人都把希望放在我們夫妻身上。那段日子，淑慧的壓力非常大。

有一天，適逢端午節，又是哥哥的忌日，全家人聚在一起，爸爸媽媽帶著姊姊們拜拜，我和淑慧站在後面默禱。其實，我知道家人始終不認同我們倆成為基督徒，但也沒想到他們會把生育這件事與信仰牽連在一起。

其中一個姊姊拿起兩個十元銅板擲筊，她問哥哥：「阿榮，是不是因為阿益他們是基督徒，所以才生不出孩子？是的話，請給我一筊。」

聽到姊姊這樣說，我和淑慧都愣住了，心想：「這種事是上帝決定的，問哥哥做什麼？」我們倆當下在心裡默默禱告，千萬不要有筊啊！

噹的一聲，還真的有筊！我和淑慧對望一眼，想著：「慘了！該不會趁機要我們放棄信仰吧？」

果然，另外一位姊姊更狠，一上來擲筊就問：「阿榮，要是阿益他們不信耶穌，明年就會生小孩是不是？是的話給我三筊。」

我暗想：「連三筊，哪有可能啊？」

沒想到，噹噹噹三聲，果然是連三筊！這下慘了，我們夫妻倆不但會被逼著生孩子，還得被迫放棄信仰，如果生不出孩子，豈不是連耶穌的名都被汙衊了？

那一次之後，我和淑慧每天都在努力禱告求問神，那段日子，淑慧的壓力真是大到不足為外人道。有一天，她從外面回來後就一直哭，說她對不起我，也對不起我們家，因為檢查結果發現，上回手術的關係導致她懷孕的機率是零。

我那時才知道，原來她偷偷跑去醫院做檢查。於是我安慰她，上帝不會這樣對待我們的。況且，現在醫學這麼發達，我們又還年輕，總會有辦法。至少可以做人工受孕。

透過朋友輾轉介紹，我們去找了同為基督徒的吳可怡醫師，聽說她是治療不孕的專家。吳醫師的檢查結果帶給我們一絲希望，她認為只要經過治療，還是有可能懷孕的。接下來將近一年的時間，我們固定打針、吃藥，但還是沒有任何消息，讓我們非常氣餒。回到老家，又得面對媽媽的憂心，她總是擔心張家是不是到我這一代就斷了。我聽了非常不忍，只好回去請求吳醫師幫我們做人工受孕。誰知道，挨了她一頓教訓：「張傳道，你自己是傳道人耶！你要傳福音給別人，怎麼可以對神沒信心？你要迫切禱告啊！」

吳醫師真是一語驚醒夢中人！是啊，我和淑慧都是傳道人，卻忘了要同心禱告。我真的好羞愧！回到家我又持續禱告了一個多月，因家人的關心催促，我們還是決定接受人工受孕。吳醫師將所有費用和可能經歷的痛苦一一分析給我們知道，和我們一再確認後，才約定開始療程的日期。

那天，我們依照約定來到吳醫師的診所，她先帶著淑慧到檢查室裡做最後的檢查確認，我在外面等著。忽然聽到兩個女生在檢查室裡尖叫，我感到很緊張，不知發生了什麼事，想衝進去又覺得不太方便，正在猶豫之際，吳醫師興奮地從檢查室衝出來：「張傳道，恭喜你！淑慧懷孕了！」

我興奮得恨不得立刻跪下來感謝主！主啊，我知道祢不會讓祢的孩子失敗。我知道過去這段日子，是祢在對我信心的考驗。

接下來的十二年，我們的三個孩子陸續誕生，兩男一女，三個孩子都健康可愛。更讓我感到有趣的是，曾經透過擲筊要我們不信耶穌的兩位姊姊，也在神的帶領下成為基督徒。至今，我們姊弟間還會拿當年這個故事彼此調侃。

我和淑慧結婚時說過，我們要有「十二門徒」的承諾，雖然當時是開玩笑的話，神卻認真看待。我們所受到的祝福和責任，遠遠超過我們所求與所想……

3

撒旦與天使

剛結婚的時候，我的工作是桃園、台中南北跑，加上還要讀書，可說是學業、工作兩頭燒。我一方面要信守對岳父大人的承諾，另一方面也要能填飽肚子，但愈是忙碌，來自撒旦的誘惑也就愈多……

有一次剛好到台中市區送貨，一位從前一起混的朋友正好開著他的進口大轎車經過。見到我搬東西搬得滿頭大汗，和從前那個呼風喚雨的老大模樣判若兩人，便建議我不如和他回去繼續販毒、圍事，還比較好賺。但當時我心意已決，神藉著我爸媽、姊姊、淑慧和教會兄弟姊妹們的愛，好不容易把我拉回來，雖然目前的生活在經濟上有點拮据，但至少每一塊錢都是我踏踏實實用勞力賺來的，神學院的課程也讓我覺得有神做我的倚靠。我真的不想再過那樣痛苦又提心吊膽的生活了。於是我謝謝他的好意，婉拒了他。後來他又打幾次電話來，因我明確表態，漸漸地，他就不再打來了。

而在神學院念書期間發生的一些事，讓我知道上帝不斷藉著這些事情來提醒我，清楚過去的自己究竟是個怎樣的惡人，最重要的是不要重蹈覆轍。當時有一堂課是要我們去向曾經得罪過的人道歉，正好上完課後沒多久，有一天送貨途中看到國中時教理化的劉老師。我想起我曾在實習課時和同學嬉鬧，遭到他的訓斥，結果他反而被我揍了。對我來說，我想機會來得正是時候，就趕緊追上前去，想要向他道歉。

我對著他大喊：「劉老師、劉老師，我是張進益呀！」沒想到我不叫還好，他一聽到我的叫聲，立刻拔腿就跑，而他跑得愈快，我就追得愈緊。最後終於追上他的時候，我們兩個已經跑得上氣不接下氣。我一邊喘著，一邊向他解釋我的來意，劉老師這時才鬆了一口氣告訴我，那次他在學校裡被我打到怕了，他從來沒有碰過像我這麼兇的學生，心裡始終存有陰影。加上後來又聽說我當了流氓，因此聽到我在叫他的時候，以為我又要打他。

聽完劉老師的解釋，我真的覺得好慚愧，而我當下才知道，原來自己以前那麼壞，壞到連老師都怕我。人因一時的衝動所造成的錯誤，竟對另一個人造成如此巨大的負面影響。但是我要感謝上帝的帶領，製造了一個讓我向老師道歉的機會，否則我連自己是怎麼得罪人家都不知道。

如果我遇到的道上兄弟是撒旦的化身，那麼神學院的同學和他太太就是天使，他們始終在旁邊守護著我和淑慧。

他們夫妻倆看我經常駕著貨車往返桃園和台中之間，不僅花在交通上的時間很長，長途開車也比較危險，他們就免費將桃園的房子借給我們住，我內心真是十分感激，但後來因為要上課的關係，原本的送貨工作就不能做了。這該怎麼辦？於是我和淑慧開始禱告，求神為我們開路，指引我們要走的路。

沒想到禱告後不久，神就賜給我們機會。

那時，朋友的太太在女子監獄擔任主管。有一天她打電話告訴我，有個少年輔導機構（也就是後來的少年之家）正在申請立案，需要有人來服事，問我有沒有興趣。我想，因為我和淑慧正在為工作的事情禱告，或許這正是神要我們做的，我們毫不考慮就答應了。但對方也說，因為種種條件限制，申請兩年了都還沒獲得核准，因此實際要去工作的時間可能還有變數。我想，也只能耐心等待核准了。

一個多月後，我再度接到那位姊妹的電話，她告訴我，少年之家的設立許可已經核准，我可以去工作了。於是我和淑慧收拾行囊，北上來到桃園，開始了少年之家、也就是現在這個大改少年之家的「籌備」工作。

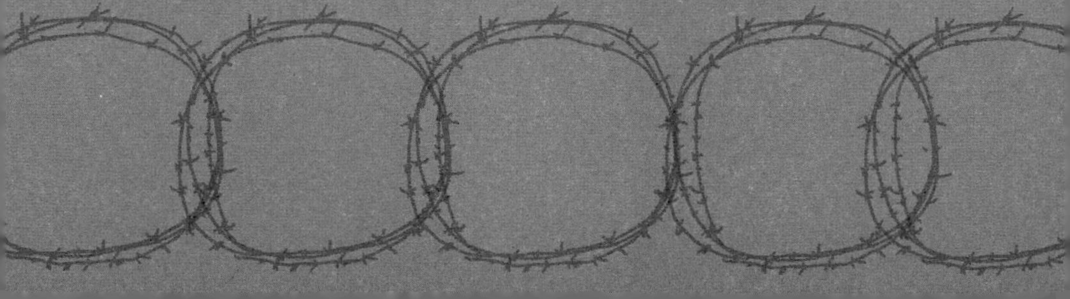

【三部曲】孩子，向前走！

哥哥二十多歲慘死客鄉，留給家人一輩子的心痛。我想為哥哥報復尋仇的念頭受到攔阻，就是基於父母的愛。現在，我將這份愛更加擴大，希望能及時救回許多迷失的孩子。而我之所以想把孩子們從死蔭幽谷中拉回來，多少與心中的那份遺憾有關，因為我真的不想看到更多的孩子像哥哥一樣。

第七章

給孩子一個家

孩子們來到少年之家之前，幾乎都是家庭失能的中輟生，不是四處流浪，就是在網咖、舞廳、KTV裡面混。我的責任就是導正他們的偏差觀念和行為，否則來到少年之家就失去意義。

1

十二支派

雖然少年之家已獲得設立許可，但接下來的籌備工作才真正是考驗的開始。所謂的「籌備」，除了要對外溝通行政工作，還要募款、募物資。回到少年之家裡面，打掃、刷油漆、搬家具……，都是我和淑慧兩人「校長兼撞鐘」地負責到底，我們沒有雇用其他人，事實上也雇不起。因此，從二〇〇一年創辦開始直到二〇一〇年，這十年當中始終只有我和淑慧兩個人在照顧這群孩子。

我和淑慧結婚時，我曾半開玩笑地許下要有十二個小孩的心願，因為《聖經》裡的以色列家族有十二支派。而神也垂聽了我的心願，因為少年之家申請立案時的規畫剛好就有十二個床位，第一批接來的孩子剛好十二個，而且其中十個孩子都是來自仰望福音之家。在這個時候我才知道，仰望福音之家為了某些原因突然關閉，它原本照顧的孩子們需要重新安置，但臨時找不到其他更適合的機構。而少年之家，就這麼恰巧地開始營運。我感覺神的安排真是太奇妙了！就這樣，這群孩子不至於無處可去。

儘管我一開始就已明顯感受到神的呼召，但是草創時期面臨的重重困難，不是一個「苦」字能夠形容，讓我不只一次地想：「就這樣放棄算了！」這些孩子是弱勢中的弱勢，他們外表看來好好的，四肢健全，甚至比一般孩子活潑好動，因此當人們想要捐助的時候，絕不會想到這些孩子，而是以有肢體或智力障礙的孩子為優先。尤其如果講到要支持「不良少年」，更是遭到眾人有意無意的排斥。但每當我想要放棄的時候，神總會用《聖經》中的話語來安慰激勵我，就像〈羅馬書〉第七章十八節中提到：「……立志為善由得我，只是行出來由不得我。」我雖然立志要做這樣的社會服務工作，唯一能控制的就只有我自己。能夠怎麼做？做多少？這是我自己可以決定的，但做出來之後能有多少效果？別人又能接受多少或願意配合多少？那就不是我能決定的了。

這樣的想法聽起來似乎有點消極，但其實是這些年來我和淑慧的心情寫照。畢竟孩子們能夠在少年之家的時間少則幾個月，多則四年；他們住在這裡時，我們可以透過《聖經》的話語彼此約束與勉勵，一旦他們離開這裡、回到原來的家庭，現實面的問題又回來了，甚至演變成更嚴重的家庭問題，好不容易矯正過來的行為極可能又被打回原形。

遺憾的是，這些家庭的問題往往是我們無力也無權介入的。我們能做的除了協助勸誡和建議家長，另外就是為這些孩子禱告，祈求神賜給他們一顆剛強壯膽的心和滿富智慧的靈，使他們能夠面對自己家庭的困境。然而，家長們未必願意接受我們的勸誡，就算接受，也未必能夠解決現實的問題。例如，有些孩子從小就是隔代教養，或是父母親不在了，也可能父母患有重病，家庭問題根本打了死結，無法解決。而我們只能不斷地提醒孩子們，儘管離開少年之家，千萬要繼續信靠主，用自己的生命去影響家人的生命，讓整個家庭朝正向發展。

這是我們的初衷，也是我們的使命。

2

生活規則

孩子們來到少年之家之前，幾乎都是家庭失能的中輟生，不是四處流浪，就是在網咖、舞廳、ＫＴＶ裡面混。因此，他們的行為往往表現得很「油條」，和他們說話時，輕則對你愛理不理，重則可能滿口髒話頂撞你。一般小孩若出現這樣的行為，大人可能覺得忤逆而不高興，但因我自己也曾經如此，對於他們的行為並不感到驚訝，因為我知道，那是他們自我保護的本能反應。

身為他們的輔導員，我的責任就是導正他們的偏差觀念和行為，不會任由他們這樣繼續下去，否則來到少年之家就失去意義。羅馬不是一天造成的，他們的偏差行為也絕對不是一夜造成，當然不可能像變魔術般瞬間變成人見人愛的乖小孩。有了在約書亞中心的服務經驗，我知道必須以同理心慢慢開導他們，直接要求他們做這做那，他們是不會聽的。為了拉近與他們的距離，我曾告訴他們我以前比他們還壞，但個個都認為我在唬人，直到我脫下上衣露出上半身一大片刺青時，他們才相信我說的話。

少年之家不是軍隊，當然更不是監獄，所以我們不會打罵孩子，也沒有嚴格的門禁。除了外面的招牌，少年之家和一般的住家公寓一模一樣，孩子們在固定的時間內都可以自由進出。

然而，在這樣一個自主、看似沒有約束的生活環境裡，其實我們有一本叫做《聖經》的生活公約。我們每天三餐用餐前要向上帝獻上感恩，感謝上帝賜給我們食物；每天晚上睡前要唱詩、讀經、禱告，感謝上帝賜給我們平安喜樂的一天。當個別孩子有特別需求時，例如考試前、找工作或家庭有狀況，我會特地帶著孩子們禱告，或者個別陪他們談天、聊心事，因為我相信，「你們祈求，就給你們；尋找，就尋見；叩門，就給你們開門。因為凡祈求的，就得著；尋找的，就尋見；叩門的，就給他開門。」

當然也會遇到有爭執的時候。這時，我就會和孩子一起讀《聖經》。因為《聖經》是許多先知藉著上帝啟示寫的，從《聖經》裡找答案，是最公平的。

3

敦親睦鄰

少年之家的所在地就位在桃園後火車站附近，隱身在一群舊式四樓公寓裡的其中一棟，周圍都是住家。房東就住在附近。

起初，當房東和鄰居們得知這裡收容的都是一般人眼中的「壞孩子」時，很多人都感到非常憂慮。比較客氣一點的是藉著閒聊，拐彎抹角地問我這些孩子是否會影響大家的生命安全；直接一點的則乾脆對我說，他們擔心這些孩子會帶壞附近小孩，要求我們搬家。各種狀況都有。

記得有一回，有位鄰居一大早就氣呼呼跑來，一副興師問罪的樣子。原來他昨晚放在門口的垃圾桶不見了，他懷疑是少年之家的孩子拿走的。我聽了又好氣又好笑，心想：「垃圾桶耶，孩子們拿垃圾桶做什麼？」可是不證明給他看，似乎不會善罷甘休，只好先跟孩子們「打預防針」，交代他們體諒一位東西不見、很著急的老人家，同時要對他有禮貌。接著，便帶著他們到辦公室和老人家對質。

孩子們得知他丟掉的東西竟是一個垃圾桶時，他們的表情和我一樣感到啼笑皆非。但面對一位這麼堅持的阿伯，真的很無奈。其中一個孩子阿凱很有誠意地對阿伯說：「阿伯，我們真的沒有看到你的垃圾桶，我們也知道你很著急，這樣好了，我們一起禱告，求主幫你找到它。」但或許因為阿伯不是基督徒，聽說我們要為他禱告，轉身就走了。

當天傍晚，阿伯又來了，但他不是為了來找垃圾桶，而是告訴我們，他找到垃圾桶了。阿伯對於他早上的態度覺得有些不好意思，他向我道歉，還送了一些食物給我們。我和孩子們都很開心，一場誤會解開了，還有東西可吃。

後來我就想，帶著孩子們打掃馬路好了。大家每天清晨起床後，分工把少年之家周圍的巷道掃得乾乾淨淨，然後回來吃早餐，接著上學。這樣做一則敦親睦鄰，二則讓孩子們透過勞動來服務人群。

打掃工作就這樣做了兩個月。有一天又有一位鄰居來找我，雖然不是為了垃圾桶，但也是氣呼呼的。原來他是來質問我，為什麼今天沒有把他家門前的巷道掃乾淨？我客氣地回答他，我們其實只是義務工作，如果孩子們沒有掃乾淨，下次會改進。這位鄰居才知道誤會了我們，很不好意思地道歉。

其實這些年來，諸如此類的誤解不勝枚舉。然而，經過幾次的誤會和解釋之後，我體會到，要讓社會重新接受這群孩子真的很不容易。因此，我告訴孩子們，我們犯過錯，別人會用異樣眼光看我們、會怕我們，那都是正常的；如何能讓別人公平對待我們、接受我們，就要我們犯過錯的人本身夠努力，做給別人看。

真的很感謝主！這十幾年下來，在主的帶領下，這些孩子們在左右鄰舍間建立了很好的互動關係，當我們需要更大的空間時，原本的房東及其親戚也都慷慨地以較便宜房租租給我們。現在（二〇一七年），我們在同一條街上租了六棟房子，可接受的人數也從原本的十二人增加到四十多人。而且原本我們只安置男生，現在也接受女生。同時為了安全起見，女生的房舍與男生分開並保持一段距離，有專任的女舍監負責照顧。

4 捐三百元好了

少年之家漸漸上軌道了，但回想剛剛開始營運的時候，真的是什麼都「少」：少人手、少設備，更少的是捐獻。

在人力方面，最初十年始終只有我和淑慧在處理一切，設備方面更是簡陋。以飲水來說，這裡只有一台別人捐贈的飲水機，但容量很小，用鋼杯裝兩杯就沒水了，因此每天晚上睡覺前，我和淑慧必須先燒好幾大壺的開水，以便第二天孩子們有冷開水可以喝。此外，這裡沒有冷氣，只有兩支電風扇，天熱的時候必須輪流吹。

至於食物，這群正值青春期、發育中的男孩食量很驚人，平均來說，一包五十斤的米大約十七、八天就吃完了，更不要提其他副食品。我和淑慧每天單單為了拿什麼東西來餵飽這些孩子，都要很認真地禱告，祈求神的幫助。尤其到了過年，我們都會期待有人捐獻，讓孩子過年時可以加菜，但第一年等不到，第二年也等不到，一直等到第三年……

有一天，一對中年夫婦跟我說他們想捐款做公益，並問我少年之家的屬性。我告訴他們，這裡是收容行為偏差、需要高度關懷的孩子，那位先生立刻站起來掉頭就想走，說他們的錢不捐給「壞孩子」。我聽了很難過，但也無可奈何，況且也不是第一次聽人家這樣說了，就站起來送他們出去。誰知道那位先生走到門口，忽然又回頭對他太太說：「既然來了就捐幾百塊吧。」他掏掏口袋，拿出一些紙鈔，正好三百元，要我收下。

當下，我真不知道該不該去接下那三百元。事實上，我不想接，我覺得自己好像乞丐！想當年我曾經意氣風發，別說這區區三百元，三萬元都未必看在眼裡。但一想到這三百元是孩子們好幾頓飯的米錢，我還是硬著頭皮接下來、開了一張捐款收據給他們。

送走那對夫婦，我和淑慧開始哭。我感到好沮喪，這份工作好難！明明是在幫助別人，為什麼這麼難？我真的很想放棄。我求問神，為什麼給我這麼艱難的任務，我真的承擔不起啊！

不過神回應我的方式也很奇特。祂藉著兩件事讓我對人、對神的愛仍舊充滿信心。

第一件事是有一群不知名的善心人士經常送米過來。他們總在凌晨時分開著一輛小轎車，載著兩、三包米和一些油鹽來到少年之家，但每次送來總是把東西放在門口地上，然後就匆忙離開。

有一次，我在二樓窗戶看到他們的車又開到門口，火速衝下去才堵到他們，包括一男兩女。起先他們都不肯說，在我不斷追問下才知道，原來那位男士是附近一家「十元伴唱店」（舊稱阿公店或茶店仔，利用店內伴唱機點一首歌的價錢約十元而得名）的老闆，兩位女士則是店內服務生。他們表示自己都是過來人，當他們知道我是在服務曾經走錯路的孩子，覺得很佩服也很羨慕，如果當初有人願意像這樣拉他們一把，或許就不會走上這條不歸路。因此，每人每月固定湊錢買米和一些副食品送給我們。由於在十元伴唱店工作的女服務生多為年齡較長的風塵女子，他們覺得自己的職業不怎麼好，決定默默行善就好，不想張揚，但沒想到還是被我堵到了。他們臨走前鼓勵我，要我無論如何都要堅持下去，能救一個是一個。

目送他們離開，我心裡好感慨，是不是只有同樣犯過錯的人，才能真正體會改過自新過程中的艱辛和苦楚？而願意給天涯淪落人機會的，也只有同為天涯淪落人？

另一件事至今想起來還是覺得很有趣。有一回，我的獄中同學來看我，他未入獄前是鐵板燒師傅，出獄後自己開了家餐廳，生意不錯。再加上他為人海派、廣結人緣，獄中同學出來後都會去找他。

他來看我時剛好是中秋節前夕。他一聽說我正在為孩子的菜錢煩惱，立刻拍胸脯跟我說，這事包在他身上。第二天，那個陣仗真把我和孩子們嚇了一跳。他不但自己來，還把店裡的廚師都帶來，就在我們四樓屋頂弄起ＢＢＱ。非但如此，還把一群當初的「同學」也邀來作客，重溫當年在獄中開小廚的時光。那天晚上，少年之家門前那條巷子停滿了各式各樣的名車，算一算少說十來輛，每一輛旁邊都有一個小弟站崗，好不威風！

當晚，大概是少年之家成立以來最熱鬧的一晚，也是孩子們吃得最豐盛的一餐，有牛排、豬排、雞排，還有魚、蝦等海鮮，加上各式各樣的飲料，孩子們樂翻了。少年之家的伙食何曾那麼好過？事實上，很多孩子從出生到那天為止，從沒吃過那麼多美食。

看著孩子們吃著、笑著、鬧著，我雖然跟著開心，心裡卻暗自擔憂，我怕好不容易拉回來的孩子再度受到物質誘惑而走回歧路，更害怕這些到訪的大哥們趁機吸收他們，之前就發生過幫派找上門來要孩子的經驗。我真的怕死了！因此我特別加強那天就寢前的禱告，求主讓孩子們的心平靜安穩，為他們收心。

第二天，我打電話給那位開餐廳的朋友，除了謝謝他的好意，也誠懇告訴他我擔心的事。他說他能理解，因為看到我這麼努力地保護這群孩子，他也不想扯好友的後腿，只是看到我做得這麼辛苦而感到於心不忍。他告訴我，以後若我有任何需要，他會繼續協助，但若我覺得不妥，他也不會再請其他朋友來，畢竟他也是過來人，知道要讓一個孩子變壞並不難，要讓一個孩子再變好卻要付出不只九牛二虎的力氣。

是的，我這位朋友說得一點都沒錯，要讓一個孩子變好不只要付出九牛二虎的力氣，有時還可能賠上自己的老命……

5

理不斷的衝突事件

從少年之家開始運作的第一天開始，我和淑慧就體會到，陪伴這些孩子有多麼不容易。他們個個心理都受過傷，比任何人都需要愛；遇到覺得不公平的事情，也更容易記仇，而且挾怨報復。剛成立的時候，狹小的空間擠著十幾個血氣方剛的孩子，因為沒有冷氣空調，燥熱的氣候讓他們一言不合就想動手。所以處理他們的糾紛時，只能先把他們拉開，再仔細聆聽他們的爭執點。但處理的結果未必都能讓他們滿意，有些不服氣的孩子就會偷偷作弄人。

那時我們沒有飲水機，每天只能在睡覺前燒好開水，放涼後第二天再給孩子們喝。有天早上，孩子們反應說開水的味道怪怪的，我嚐了一口，驚覺怎麼有尿味？就把他們一個個叫來問。最後終於有人承認，是他半夜在水壺裡尿尿，因為他和另一個孩子吵架，雖然經過調解，他還是覺得很不服氣，想給對方一點教訓。

還有一次，不記得是為了什麼事，鄰居對孩子們有些誤會，跑來少年之家興師問罪。孩子們覺得遭到冤枉，一股冤氣無處發洩，其中兩人就搬了一塊大石頭放在那位鄰居的車子底下，想讓車子無法開動。幸而後來即時發現，才沒有刮傷鄰居的車子底盤、釀成大禍。

我們全天候地陪在孩子們身邊，有些朋友基於愛我們的心，建議我們住在別的地方，不僅可維護一些隱私，也能得到較充分的休息。但是我和淑慧並沒有採納這個建議，直到陸續有幾件事情發生，讓我開始正視安全的問題。

♧

第一次是發生在我送朋友去火車站的時候。少年之家就位在桃園後火車站附近，開車來回不到五分鐘的時間，因此我外出送朋友時，辦公室的門沒上鎖。但不過短短的五分鐘，我的辦公室竟然遭闖空門，一整間辦公室被翻得亂七八糟，抽屜裡的幾百元不見了。

我趕緊清點孩子們的人數，發現前幾天才來的一個孩子不見了，後來更是杳無音信，我為他感到很憂心。那區區幾百元花完的時候，他該怎麼辦？繼續偷拐搶騙的生活要到何時呢？少年之家的生活或許沒有外面的花花世界有趣，但至少可以讓他們平靜安穩的生活、找到回家的感覺吧？

第二次是發生在兩個孩子起爭執之後。記得那天有兩個孩子吵架，當下我幫他們調解，要雙方互相道歉，兩人也都照做。我以為他們和好了，就沒有繼續留意。

接下來的週末，兩個孩子各自回家和家人團聚。星期日晚上，大家陸續回來。就寢前，我一一查房，發現一個孩子（就是兩個吵架孩子的其中一個）的動作有點鬼祟，似乎在抽屜裡藏了什麼東西。我上前想要開抽屜，他對我說：「你最好不要開。」我聽到這話頓時起了雞皮疙瘩。我問他裡面藏了什麼？他說是一條龜殼花。這下我開始緊張，心想：「這孩子應該不是在開玩笑。」但我真的不敢去拿，便問孩子用什麼東西裝蛇。他說用粉筆盒，因為他覺得放在粉筆盒裡很安全。但因為大家都不敢拿，那孩子就自己打開抽屜，拿出粉筆盒，我不准他在宿舍裡打開蓋子，要他拿到後院，於是一行人浩浩蕩蕩的跟在他後面。到了後院一打開粉筆盒蓋，果然是一條一公尺長的龜殼花！

那孩子告訴我，雖然他當下向對方道了歉，但心裡是不服氣的。所以趁著假日回山上就抓了這條蛇，放在對方的抽屜裡，想教訓他一下。他只是覺得這樣可以一解心中的怨氣，卻沒有顧慮到對方可能會有遭蛇咬的危險。幸好我及時發現了，否則另外那個孩子有可能因此喪命。

這件事也給了我一個教訓，千萬不可以小看孩子們的爭執，若未謹慎處理，很可能釀成無法挽回的災禍。真是捏了一把冷汗！

孩子們之間起爭執固然不好，但若彼此太團結又缺乏道德約束，那才更可怕！

有一天上午，我原本是要去桃園縣政府辦事情，摩托車騎到半途，突然想起忘了帶證件，於是又折返。我才騎到巷口，遠遠就看到少年之家年齡最小的孩子站在門口東張西望，他看到我回來，立刻跑上來拉著我說：「進益爸爸，快點，快點，淑慧媽媽要被綁架了！」我一聽到「綁架」，心頭一揪，頭皮開始發麻，摩托車一丟就往屋裡衝。

我三步併兩步衝上二樓宿舍，眼前的景象真把我嚇傻了。幾個孩子正在拆解雙層床的床架，幾根已經拆下來的木條橫七豎八地放在地上，書桌上還擺著廚房裡的菜刀和不知哪裡來的童軍繩。我只是大聲喝斥：「你們在做什麼？」就再也說不出任何一句話。

我真的好氣，氣得說不出話來。瞬間有千萬個「為什麼」浮出腦海：為什麼你們要做這種事？我和淑慧這樣愛你們，為什麼會得到這樣的回報？為什麼到現在還不知道悔改？為什麼？為什麼？為什麼?!!我心裡憤怒地吶喊著，嘴裡卻被一股氣堵在喉嚨裡，堵得一個字都說不出口……那幾個孩子也愣住了，不知道是因我突然回來而嚇到，還是驚懼於我當下的神情，個個都像被釘子釘在地板上一樣動也不動。

不知道過了多久，我感覺到臉上兩道冰冷的淚水流了出來，一直流到下巴、脖子，又流到心裡。我的心感到一股前所未有的寒冷。好不容易，喉嚨裡擠出了一絲絲空隙，我沙啞地問了一句：「為什麼？」說完，淚水嘩啦啦地往下直流。

帶頭的孩子咚的一聲跪下來，說：「進益爸爸，對不起，我錯了！」其他四、五個孩子也跟著跪了下來。我走過去，原本是想拉他們起來，結果卻和他們抱在一起，哭成一團。

等到大家的情緒稍微平靜後，我才開口問他們為什麼要做這種事。他們說，因為覺得在少年之家很無聊，既不能抽菸喝酒，又不能四處去玩，還要上學，想偷溜出去玩，身上又沒錢，然後大家開始你一言我一句地亂出餿主意。最後，腦筋動到辦公室，他們想，辦公室總會有錢吧？但如果進益爸爸在，就根本想都別想。因此，只能趁著只有淑慧媽媽在的時候下手，因為她比較好欺負。綁架她，就可以到辦公室裡拿錢了。

聽他們講完，我真的又好氣又好笑。我氣的是，這些孩子還在用以前在外面討生活的方式處理事情；好笑的是，他們根本不知道少年之家有多窮。辦公室裡根本沒有錢。而且我那天出去，就是為了去申請補助經費。

話說回來，那天要不是我忘記帶證件，及時回來阻止他們的綁架行動，這些孩子輕則可能因結夥綁架搶劫而再度扭送少年觀護所，重則可能鬧出人命。事後回想，神真的很愛這些孩子，祂不願看到這群孩子再犯錯，就藉著我來攔阻他們。

經過這次的綁架風波，我自己不時地檢討原因，終於體會到，硬是把十來個活蹦亂跳、正值青春期的男孩悶在一個小公寓裡，還要他們讀書，真的不太對。更何況，很多孩子都在外面「走跳」過，從小沒有念書的習慣，哪裡坐得住？於是，我開始每天傍晚帶他們去打籃球，消耗他們多餘的精力，才不會想一些有的沒有的事。

只不過沒想到，連打籃球也有事，而且還很大條！

6

流氓還是輔導？

少年之家的孩子們平時雖然調皮搗蛋，但因他們都在保護管束期間，絕不能再犯錯，否則很可能又會關進少年觀護所。所以大部分的孩子為了不想再受處罰，遇到麻煩事情總是能躲就躲、能閃就閃。

但就是因為他們不願意惹事，其他的孩子反而會向他們挑釁。那一次的籃球風波，就是這樣來的。

吃過晚飯，我陪著孩子們去附近球場打籃球，剛好社區的幾個孩子也在那裡，於是就分成兩隊對打。他們打球時，我就在旁邊觀看。突然，我們的一個孩子跑過來說對方打「暴力球」，不是搶球時順便打頭，就是偷偷用拐子撞人，他們被打得好痛。我聽了就上前告訴他們，如果要打暴力球就不要打了。對方的一個孩子向我保證，說他們不會再這樣了。

沒想到才過一下子，另一個孩子又跑來說：「進益爸爸，他們打我的頭，好痛喔！」於是我走過去對他們說：「今天到此為止，不要玩了，不然會吵架，走走走，我們走了。」

我的話才剛講完，正要轉身離開時，對方一個高中生居然衝上來拉著我的領子對我罵髒話。我嚇了一跳，從小到大，沒人敢抓我的領子、對我飆髒話的，不禁覺得這小子也未免太不知天高地厚了。頓時我一把火直衝腦門，二話不說，一巴掌揮在他臉上。少年之家的孩子們一看見我動手，以為他們也可以照做，十幾個孩子一擁而上。對方的孩子們幾乎被打倒在地，其中有兩個孩子遠遠地躲在旁邊觀看。

但事實上，我動手當下就後悔了。怎麼會衝動打人呢？於是我對那兩個躲在遠處的孩子說：「我先帶他們回去。等一下就過來。」

回到少年之家，我立刻帶著他們全部跪下來禱告。主耶穌要我們慢慢動怒，我們卻做不到。我們真的不應該打人。我們祈求主耶穌原諒我們。

禱告結束，我交代孩子們留在少年之家，我要自己去籃球場，沒想到幾個孩子拿著菜刀跑出來，說要跟我去。我說：「不能這樣子，我已經錯了，大家不能一錯再錯。絕對不行！」硬是把他們趕回去。

到了籃球場，已經有兩輛救護車把傷勢比較重的孩子載走。我對現場的其他幾個人說，我明天下午兩點再過來跟他們談。另外，我也答應他們，我會特別交代少年之家的孩子們，以後萬一在學校遇到彼此，絕對不可以用這件事當理由，尋仇報復打架鬧事。

第二天我去公園赴約。到了公園對面，隔著馬路就看到對方。但我才剛過紅綠燈，就有兩輛警車圍上來，詢問我的名字。這時，對方那群人也走過來。警察對我說，對方報案說我是「黑幫老大」，昨天帶人去打他們。我就這樣被帶到警察局。

到了警察局，我真的是受到極盡的羞辱，一直問我們是哪一幫、哪一派。當我告訴他們我是少年之家的輔導員時，一位嚼著檳榔、抽著菸的警察竟然調侃我：「厚！現在流氓都可以當輔導員哦？」為了證明我說的是事實，特別打電話找來平時一起工作的警官和觀護室主任。我解釋了很久，大家終於明白，原來那群高中生才是這件事的導火線，他們先是打髒球挑釁，之後又惡人先告狀。儘管如此，我壓抑不住自己的憤怒，這是我的錯。因此最後是當場和解，我負責賠償對方幾個孩子的醫藥費。

回到少年之家，淑慧陪著我一起跪在窗前禱告，我一邊禱告一邊大哭。我錯了，我真的好愧疚。那個孩子雖然行為囂張，但如果當時我能忍耐一下，事情可能不會鬧得這麼大，也不會讓自己受到更大的羞辱。我求告神，求祂不要把對我的懲罰延伸到孩子們身上。如果有任何後果需要承擔，就讓我一人挑起。

果然不出所料，後來發生的事成為我至今最好的警惕。少年之家因為評鑑成績不佳，第二年的預算遭到刪減。那年我們過得很辛苦，畢竟少年之家是個私人團體，背後又沒有財團支持，少了政府補助，只能靠自己更積極地四處募款，募不到足夠的款項，就得省吃儉用。

我和孩子們至今仍印象深刻的是，夏天沒有冷氣，十分悶熱，為了消暑，淑慧煮了綠豆湯給孩子們吃。只見綠豆湯清清如水，湯裡的綠豆有多少顆都數得出來。幸好孩子們都能體諒，共體時艱，大家一起度過那年的難關。其中一個孩子曾安慰我：「進益爸爸不要難過，雖然我們現在吃得沒有以前好，但比起以前在外面流浪沒得吃，現在這樣已經很幸福了。」

當下，我和淑慧抱著那個孩子一起哭了。

後來，幸好有教會支持了部分經費，撐過那艱困的一年。那年裡，我也開始思考，除了供給孩子們吃、住，讓他們有穩定的生活環境、接受正常教育之外，還應該培養他們一些正常娛樂，透過學習課外的東西，培養他們專注，也讓情緒、體力獲得抒發。

我想起了小時候的保溫杯老師，她是怎樣讓我受到肯定、生平第一次看見自己的價值？「對了，何不讓孩子學音樂？」我以前學過吉他，但後來因為沉溺於毒品，戒毒後又開始忙工作，幾乎把它忘了。為了這些孩子，我想該是重拾那把吉他的時候了。

於是，神藉著一把吉他，把少年之家帶上奇妙的旅程。

第八章

他們只是需要被愛

少年之家既沒有萬貫財產，也沒有豪華設備，我們有的就是傾聽、理解和陪伴，彌補孩子們在成長過程中缺少的那一塊。

1

大改樂團誕生

少年之家成立的最初十年，只有淑慧和我兩人校長兼撞鐘地工作，一路走來，只能用篳路藍縷來形容。若不是上帝給了我們最大的倚靠，讓我們相信愛的力量，我們大概早就被現實環境擊倒了。

在硬體環境逐漸穩定之後，我開始思考如何讓一群活蹦亂跳的孩子培養正當的娛樂。我覺得學習樂器是有益的，尤其對敬拜唱詩的服事工作很有幫助。於是我想到自己學過吉他……也許就教孩子們彈吉他吧！但因為我不是吉他老師，平日又有很多行政管理事務，無法有固定的練習時間，因此在「要錢沒錢，要人也沒人」的情況下，孩子們學得有一搭沒一搭，不怎麼起勁。

後來，在少年法庭庭長的熱心協助下，募到了五把薩克斯風，又有吉他老師黃士佳的加入指導，孩子們開始感興趣，漸漸地就有固定的練習時間。接著，陸續又有朋友捐贈爵士鼓等樂器，慢慢地有了樂團的規模。

黃士佳老師是朋友介紹給我的。起先請他來的時候，他其實有些排斥，覺得這群孩子都是不學好的壞孩子，怎麼可能學得好音樂？因此我千拜託萬拜託，礙於他朋友的面子，他勉強答應來教。起初，他多少帶著敷衍了事的心情，甚至不想教了。但幾次之後，他發現這些孩子都很有心，而且很珍惜學習的機會。他說，他對孩子們的看法有了一百八十度的轉變。這些孩子其實都非常聰明而且肯學，只是過去「欠栽培」。大部分的孩子因為家境不允許，以前根本沒碰過樂器，所以現在格外珍惜這難得的機會，學得很賣力。黃老師深受感動，決定留下來好好教他們。

我們努力練習了一年多，開始覺得應該出去表演才對，既練膽量也練技術，於是我們為這件事情禱告。「機會，是留給準備好的人。」這句話一點都沒錯，我們這樣禱告沒多久，就有人來詢問演出的意願。

那是二〇一〇年的聖誕節前夕。台北女子看守所的一位長官突然打電話來，問我有無意願參加聖誕節晚會表演。我想，當然好啊。然後就帶著這十來個半大不小的男孩，去和上百位姊姊、阿姨一起過聖誕節。

那是一次前所未有的演出經驗，我知道我們的演出未必完美，但台下的熱烈掌聲讓孩子們受到極大的鼓舞。在他們的成長經驗裡，得到掌聲的機會實在太少了！但其中一個孩子的脫稿演出，著實讓我捏了一把冷汗，至今記憶深刻。

那孩子名叫小奇（本書少年之家的孩子皆以化名表示）。表演活動將結束時，他問我可否和台下的阿姨和姊姊們講幾句話。我猜想應該是要講正面鼓勵的話，就爽快地答應他。

他說：「各位阿姨、姊姊，大家好，我是小奇。你們知道我有多恨妳們嗎？」這句話一說出口，把大家都嚇傻了。有人想上去制止他，但我猜他應該有話想說，便攔下那個人，讓他繼續講下去。

「我爸爸吸毒過量死了，媽媽也因為吸毒關在監獄裡。我爸爸的家人不要我，我是外婆帶大的。我上小學的時候，幾乎每天哭著回家，因為同學都笑我，笑我爸爸吸毒死掉、媽媽又是犯人。我跟外婆說，外婆只跟我說沒關係。但我心裡好難過。我開始學壞，甚至開始吸毒。我今天進來看到你們就想到我爸媽，我覺得好恨，你們為什麼要這樣對我？可是，還好社會給我機會，讓我來到桃園少年之家，我才開始感覺到有人愛、有人關心。我現在半工半讀在高中夜間部念書，或許別人看起來這沒什麼大不了，但是我好感謝上帝再給了我一個機會。」小奇說，「所以，我想拜託各位阿姨姊姊，拜託你們一定要加油，你們的孩子在外面等著。我可以做到，你們是大人，我相信一定也可以的。你們要趕快變好，回家照顧孩子。拜託你們！」

小奇話一說完，台下好多阿姨姊姊抱頭痛哭。我當時真的好感動，我想，如果可以把這份感動帶給更多人，讓他們也願意給自己一個重生的機會，那該有多好！

回到少年之家，我鼓勵孩子們，我們只要再努力一點，就可以讓更多人受益。孩子們也都開心地同意了。首先，就是得幫這個樂團取個名字。大家七嘴八舌地講了很多稀奇古怪的名字，最後有個孩子說：「因為我們大大地改變了，就像汽車或機車經過一番大改造後就有了閃亮亮的外表和好用的性能，我們就叫『大改』好不好？」於是，「大改樂團」誕生了。

有了「大改樂團」這個響亮的團名，也訂出了「全台巡迴」的目標，接下來就是團歌了。黃士佳老師帶著孩子們腦力激盪、創作發想，終於完成了〈轉捩點〉這首歌，歌詞是這樣的：

也許我們曾經被否定
但我知道
只要存在就有意義
也許我們曾走到谷底
但我知道
潮落之後就是潮起
別輕易地說放棄
美好的未來 等你去經歷
風雨之後總會放晴
受傷之後總會痊癒

跌倒就要重新爬起
張開翅膀飛向天際

有了團名、團歌，又有了目標，孩子們對於每週四晚間的團練時間積極了許多。大部分的孩子從小都沒碰過樂器，甚至連想都沒過，因此對於自己負責彈奏的樂器都愛不釋手，保護得無微不至。其中一位薩克斯風手大弟就曾說，這輩子大概就這麼一把，一定要好好保養、好好珍惜。

「大改樂團」誕生後，經過一年多的努力，在二〇一二年七月，終於展開第一次全台十四座監獄巡迴演出。在為期兩個月的時間裡，可說是淚水與汗水交織的時光，每一場演出都有令人感動的故事。

最讓我記憶深刻的是，樂團中一個孩子的堂哥當時正在服刑，但不確定是在哪一個獄所。因此我們出發前，這孩子就一直禱告，求主耶穌成全，讓他可以見到堂哥。

當我們巡迴到台中，站在台上表演時，他果然看到堂哥就坐在台下。他鼓起勇氣，在沒有事先安排的情況下，主動拿起麥克風呼喚堂哥。他說，他和堂哥是阿嬤帶大的，很久不見堂哥，對他非常想念。他來到少年之家後，因為愛而改變，他希望堂哥和他一樣改過自新，趕快回家，因為叔叔和阿嬤都在家裡等他們。這番話說得大家紅了眼眶。

後來，那孩子希望堂哥站起來和他打招呼。起先，堂哥或許有些猶豫而遲遲不願站起來。所有人都好奇地張望，想看看堂哥究竟在哪裡。當堂哥終於從最後幾排的觀眾席站起來時，全場響起如雷的掌聲，台上台下再度哭成一片。但是堂哥並沒有上台與他擁抱，使得那孩子以為大概就只能這樣了。

活動結束後，他默默地在後台收拾器材，神情略顯失望。沒想到就在快收拾完畢時，忽然有人跟我說那孩子的堂哥要見他。我高興得三步併兩步，帶著孩子跑到前台，果然就看到典獄長帶著他的堂哥等在那裡。堂兄弟倆緊緊抱在一起，久久不能自己。

♧

巡迴演出，不僅是孩子們的嶄新人生體驗，也是我對自己人生的回顧，因為我同樣也在台中監獄遇到了二十一年前的同學，見到他的時候，心裡五味雜陳。他原本是位很有錢的大老闆，獨立經營一家加油站。但很可惜染上了毒癮，就不斷地進出監獄。真的很可惜，也很遺憾……

回想當年，若不是神不可思議的作為讓我回頭，我現在大概不是死、就是關，只有這兩條路。

說到死，讓我想起了已逝的哥哥。哥哥在世時，雖然聰明絕頂，每次遇到危險總能逢凶化吉，逃過警方的追緝。但逃得了一時，卻逃不過一世。才二十多歲就慘死客鄉，連最後一句話都來不及對家人說，留下的只有家人一輩子的心痛。我想為哥哥報復尋仇的念頭受到攔阻，就是基於父母的愛。現在，因為神的帶領，我將這份愛更加擴大，希望能及時救回許多迷失的孩子。我試著剖析自己的心態，之所以想把孩子們從死蔭幽谷中拉回來，多少與心中的那份遺憾有關，因為我真的不想看到更多的孩子像哥哥一樣。

二〇一二年巡演結束後，又有朋友捐贈了電吉他、貝斯和鍵盤等樂器，使得孩子們能夠學的樂器更加多元，樂團的規模也更完整。但總覺得還是少了點什麼。一直到第二年，也就是二〇一三年的美國行，我才知道我們少了什麼……

二〇一三年八月，在更生團契總幹事黃明鎮牧師的安排下，我們去美國訪問洛杉磯和休士頓的教會。說來有點糗，我雖然是帶孩子們出國的領隊，但因為自己也是首次出國，心裡壓力其實不小，就怕走錯路。果然，愈害怕的事情，它就愈容易找上門——我們在桃園國際機場迷路了。孩子們開我玩笑說，我都還沒出國就迷路了，怎麼帶他們出國呢？雖是一句玩笑話，卻也經常提醒著我，千萬別做錯事、走錯路，務必要做孩子們的好榜樣。

訪問美國過程所經歷的每一件事，都讓我不禁一再地感謝神。黃明鎮牧師和花蓮信望愛學園執行長張忠誠教授不但安排了所有行程，為了省去舟車勞頓的辛苦，兩人各開一輛車載著我們四處奔波。他們服事青少年的長者風範，實在令我佩服，而孩子們所到之處也受到熱情的關懷。對我和淑慧來說，從少年之家設立開始，過去十二年間常常感覺乏人關心，淑慧更是常常邊做邊哭。來到美國，瞬間覺得擔子輕了許多。

回到台灣後，我發現孩子們又有了更進一步的轉變，或許是美國開闊的自然環境所影響，也或許是那裡的兄姊們開放包容的心感動了他們，總之，孩子們的眼界忽然間開了。原本不愛念書的孩子開始用功勤讀英文；原本因為變聲期不願開口唱歌的孩子，向神禱告又恢復了歌唱能力，而且可以飆出比從前更高的高音。我相信，透過不同的人生體驗與世界觀，可以讓他們的世界更加開闊，而這正可補足我們缺少的那部分！

2

有愛的孩子會變好

「大改樂團」的指導老師黃士佳曾對這群孩子下過一個非常好的註腳：「懲罰和仇恨無法改變一個人，唯有信仰和愛能夠改變人生。」他所說的這句話也是我始終所相信的。

少年之家成立至今十六年，進進出出幾百個孩子，初來到這裡的孩子，沒有一個不是內心傷痕累累，他們怨恨自己、怨恨家庭、怨恨這個世界對自己如此不公平。因此，他們吸毒、竊盜、打架、賭博……，做出許多傷害自己和他人的事，然而這些行為只是讓他們與正常社會離得更遠。

但是，難道這些孩子的家庭都不愛他們嗎？我相信不是這樣，至少我從我的父母身上看到一件事，他們真的很愛我們，只是不知道怎麼愛而已。事實上，在教養孩子的過程中，他們還有很多其他的問題需要面對，像是工作壓力、夫妻相處，以及他們父母的照顧問題等。再者，我們的父母也是人，他們也有心情不好的時候，同時學習著怎麼當父母。

以我父母而言，我出生時，父親生意出狀況，家庭經濟大不如前。父親為了一家的生活，只好去跑遠洋漁船。母親因書念得不多，每天要獨自面對婆家與娘家，還加上有七、八個嗷嗷待哺的小毛頭，我光用想的就已經頭皮發麻，更何況是經年累月生活在其中。所以，面對不懂事犯錯的孩子，他們最直接的「愛的方式」不是打、就是罵。我也聽一些孩子說過，因為他一再逃家，爸爸必須工作無法看管，只好用鐵鏈把他綁起來，防止他繼續逃家。

少年之家既沒有萬貫財產，也沒有豪華設備，我們有的，是神給我們滿滿的愛，我們能做的，就是傾聽、理解和陪伴，彌補孩子們在成長過程中缺少的那一塊。但是慢慢地我注意到，對孩子們來說，少年之家只是一個中繼站，一個用愛將他們的心態和行為導正的中繼站，當他們滿十八歲，終究還是得回到自己的家庭、回歸社會。

如果家庭或社會仍用有色眼光看待他們，一旦承受了太多不公平的待遇，被打回原形、走回原來的歧路是很難避免的事。因此這兩、三年，我開始主動拜訪孩子們的原生家庭，了解他們的問題，同樣地試圖用神的愛來感動和改變他們，讓他們樂意接受孩子，也讓孩子樂意回家。回家，不再是令他們畏懼排斥的事。

在這些經驗中，最讓我津津樂道的就是阿凱和阿豪兩兄弟和他們父親的案例。

案例一：阿凱、阿豪和他們的父親

阿凱和阿豪的父母離婚時，阿凱小學一年級，阿豪則還在幼稚園。有一天，媽媽到阿凱的學校告訴他，媽媽要走了，再也不會回來。當時他好難過，不知道自己做錯了什麼。阿凱立刻去幼稚園把阿豪接走，騎著腳踏車想去追媽媽。結果，當然是沒追到。但是那一次，小兄弟倆嚐到了逃學蹺家的滋味，覺得好新鮮、好好玩。

阿凱的爸爸當時在做汽車隔熱紙的生意，工作時間很長，又得照顧生病的父親，無暇照顧他們。後來爸爸娶了繼母，原本希望繼母能協助照顧他們，但繼母帶來的大哥哥會趁爸媽不在時欺負他們和行動不便的妹妹。有一天，阿凱忍無可忍，帶著弟弟逃家，他們發誓永遠不要再回來。可是兩兄弟身上又沒錢，肚子餓了只好在市場偷東西。一次、兩次、三次，聰明又有領導能力的阿凱逐漸有其他同樣在流浪的孩子跑來依附他、叫他老大。於是，他開始帶著十幾個孩子在市場裡偷錢、偷東西，那時他才

十一、二歲。

後來因為失風被捕，輾轉來到少年之家。長期下來，發現阿凱的確很有領導能力，便讓他擔任樂團團長。他也不負眾望，做得有模有樣。後來服完兵役回到少年之家，他一邊工作、一邊念書，考上輔導員證照。當他告訴我他考上的那天，我真是欣喜若狂！

而弟弟阿豪生平第一次蹺課，就是為了和哥哥去找離家的媽媽。他覺得好刺激、好好玩，當時只知道，哥哥把他帶出來了，卻不知道那就是「逃學」。後來因為受不了大哥哥經常欺負他們，陸續又偷跑出去好多次。起先爸爸並不知道，直到有一回，因為他和阿凱偷錢被抓，警察局通知家長，爸爸才知道兩個兒子已經變壞了。

爸爸從警察局把他們領回去之後，要求他們不准再蹺家。阿豪爽快地答應爸爸，誰知，不到一個星期，兩人又再犯，然後再度被帶回來。他們的父親受不了經常這樣跑警察局、領小孩，又不知道到底該怎麼管教，只好用鐵鏈把他們拴起來，儘管如此，仍舊阻止不了他們繼續逃家。

阿豪在小學一年級就學會抽菸、喝酒、吃檳榔，直到他第一次進了少年觀護所，他覺得人生到了谷底，因為爸爸向法官表示，自己不知道怎麼管教這孩子，請求法官把他關進去。當時阿豪好恨這個世界，覺得自己被爸爸遺棄了。偏偏在少觀所又碰到一些「大尾的」願意罩他，這讓他覺得很酷，至少有人願意要他。

離開少觀所後，他存著報復的心態，開始做些更壞、讓爸爸更傷心的事。於是阿豪在小學還沒畢業的年紀，就已經三進三出少觀所。轉介到少年之家的時候，不過才小學六年級。

阿豪起先安置在別的中途之家，但某些原因使得那個中途之家無法再照顧他。當時阿凱已在少年之家待了一、兩年，狀況非常穩定，我評估之後，覺得阿凱應該可以幫助弟弟，便和阿凱商量把弟弟接過來一起照顧。原本不知道弟弟下落的阿凱一聽說要接他過來，開心得一口就答應。

可是阿豪初來到這裡時，他的狀況真的讓人很憂心。他極度愛唱歌，雖然愛唱歌是好事，但他下課唱、上課唱，連上體育課也唱個不停，唱到老師沒辦法上課，卻又阻止不了他，只好打電話拜託我帶他回去。我和其他的孩子一起為阿豪憂心禱告，求主憐憫這孩子，他心裡受到的創傷沒有人能了解，只有神知道，求神親自治癒幫助他。

沒想到過了幾天，阿豪學校的音樂老師跑來找我，說他很樂意教阿豪唱歌，而且阿豪平時可以待在音樂教室裡。至於功課，老師願意另外幫他補習。我聽了好感動，真的好感謝主，讓這孩子能遇到這麼好、這麼有愛心的老師。

幾年下來，阿豪從國中到高中拿到無數次歌唱比賽冠軍，這兩年更擔綱起大改樂團的主唱，充分發揮他的歌唱天賦。我相信，上帝或許在某個時刻關了一扇門，但祂必定會為我們開啟另一扇窗。

這幾年，阿凱和阿豪已經回家和爸爸、繼母團圓，這是令我感到相當安慰的事。有時，兩兄弟跟著我在外地服事時，也會每天打電話回家報平安。二〇一六年元宵節，少年之家在桃園燈會設攤義賣，阿凱意外發現爸爸竟在攤位旁的出口處協助維持秩序。雖然父子事先未曾約定，但上帝就是這麼巧妙地安排他們在一起工作、彼此照應。

每次看到他們一家人開心地在一起，我就好感謝主，感謝祂給我力量，讓我堅持下去、做對了事情。

案例二：千瘡百孔的大弟

大弟剛來到少年之家時，個子十分瘦小，臉色蒼白，似乎營養不良，而且不論天氣有多熱，他總是穿著長袖。大家試著和他講話，他都不太搭理。根據這幾年的輔導經驗，我知道要讓他開口說話不是件容易的事，於是嘗試從各種可能的角度切入和他聊天。

有一天，他捲起袖子讓我看。當我看到藏在袖子下的蒼白手臂，我難過得當場掉下眼淚。他的手臂上有成千上萬個細小傷痕，小到像是用針扎出來的，有些甚至是潰爛後又癒合的痕跡。再仔細檢查，發現他的腿部和身體各處也都有這樣的傷痕。但我查看這孩子的輔導紀錄，他並沒有吸毒，不可能是注射造成。那麼究竟是什麼原因呢？

原來，大弟的父親早逝，母親受不了打擊罹患了重度憂鬱症。從大弟六歲開始，母親只要發病就會拿縫衣針扎大弟和妹妹的身體，而且一定要扎到看見一顆顆血珠流出來才罷手。因為她說，那是為了要把他們的髒血放掉，一切都是為了他們好。起先大弟和妹妹都痛得哇哇大哭，每次看到母親拿出縫衣針，兩人不是跪地求饒就是躲起來，但總還是免不了被扎得滿身是血。大弟說，後來被扎到麻木了。

直到九歲，大弟和妹妹實在無法忍受，兩個人陸續逃家，離開了令他們畏懼又憎恨的母親。但九歲的孩子能做什麼呢？大弟在公園裡窩了兩天沒吃沒喝，直到餓得受不了才偷吃了公園旁土地廟裡的貢品。漸漸地，他的膽子愈來愈大，偷的東西也從食物進階到錢，以及手錶、手機等值錢的東西，後來他被店家抓到，送往警察局，進了少年觀護所，最後來到少年之家。

在他離家的這段期間，他母親的病情每況愈下，周圍鄰居也都知情卻愛莫能助。他母親雖然患有重度憂鬱症，但因並未危及他人的生命安全，不符合政府強制安置的規定，只能任憑她繼續如此。直到大弟的事情被揭露，社會局才安排她住院，接受藥物控制，病情才略為改善。但健保給付的期間有限，每次最多只有三個月，時間一到，返回家裡又是一人獨居，乏人照顧且沒有定時服藥，病情很快地再度惡化。

而住在少年之家的大弟經過這幾年，已經是個懂事肯學的孩子，同時也是大改樂團的成員之一，他的薩克斯風吹得很好。當我和社工告訴他，母親是因為生病了才會那樣對待他的時候，他選擇放下怨恨，原諒了他的母親。

他得知母親的現況，毅然決然地在結案後的第一時間回家裡照顧母親。每次去探望他，看著他陪母親看病、買菜、做飯、餵藥，不免替他們母子的經濟來源感到憂心，因為除了低收入戶補貼，就只有大弟打工的微薄收入，根本不夠用，然而看著大弟對這樣的生活甘之如飴，也就不忍心阻止他。

案例三：不認輸的小恆

剛接觸到小恆時，服務的社工人員曾懷疑他的身體健康是不是出了問題？除了臉色蠟黃、身形瘦弱之外，他全身髒兮兮的，還發出一股臭味，好像很久沒有洗澡。仔細詢問帶他來少年之家的社工，才知道又是一個家庭悲劇造成的可憐孩子。

小恆的生母在生下他幾個月就把他交給祖母，然後離家出走，再也沒有出現過。小恆兒時記憶裡的「媽媽」，其實是他的繼母。繼母對他很好，不過因為她常常工作到很晚（小恆的爸爸是大貨車司機，繼母是他的助理），所以小恆放學回到家總是自己一個人，他的生活就只有寂寞、孤單和害怕。

事實上，爸爸在家的時候，小恆的日子並不好過。爸爸脾氣不好又愛打人，喝醉酒後打得更兇，經常把繼母和小恆打得鼻青臉腫。就在小恆小學五年級時，繼母終於受不了爸爸的打罵，帶著兩個妹妹離開了。小恆其實很想跟著繼母一起走，但繼母說因為小恆不是她生的，所以不能帶著他。小恆被迫留下來，成為爸爸唯一的出氣筒。爸爸只要喝醉酒，不是打他就是拿東西丟他，他害怕得只能躲在朋友家。

國一下學期的一天早上，他正要出門上學時，爸爸又喝醉了，拿著一把水果刀射向小恆。水果刀從門縫中飛了出去，小恆嚇得落荒而逃，從此再也不敢回家，只能靠朋友接濟，今天住這裡、明天住那裡。

國一升國二的暑假是小恆學業中輟的開始。他起先在網咖裡混，後來索性開始打工，收入很微薄。但朋友看他有錢就一直黏著他，並介紹他加入幫派。只要一通電話，他就去幫忙打架滋事。小恆原本以為自己找到了靠山，但實際上，老大給的錢也不多，和他原本的期望落差很大。更沒想到的是，朋友竟為了錢而背叛誣賴他，讓他在幫派裡遭到大家的排擠，使得他再也混不下去。

這時，小恆興起想要回學校讀書的念頭。但長期酗酒的爸爸顯然沒有能力照顧他，事實上，小恆也不想回去那個家，於是學校輔導室主任就建議他到少年之家。

小恆來到少年之家後，非常珍惜重拾課本的機會，因此國中畢業後繼續升學讀高職。努力用功之餘，還彈得一手好吉他，曾擔任學校吉他社社長，也是大改樂團的吉他小老師。因為他做事穩重積極，我也資助他去補習、報考輔導員證照。憑著自己的努力和主耶穌的祝福，他順利考上了。

但同時他的考驗也接踵而來。他在少年之家開始有工作和薪水之後，他的父親竟然出現了。起先向小恆要錢，後來更進一步藉口想創業需要資金，向小恆拿證件去辦信用卡、借信用貸款。我曾苦勸小恆不要把證件給爸爸，但畢竟血濃於水，小恆私下還是把證件給了父親。結果，他父親用兒子名義借來一筆錢，之後就消失無蹤，把欠債和不信任都留給了小恆。

迫於龐大的債務，小恆選擇辭去少年之家輔導員的工作，靠著開計程車省吃儉用度日，經過幾年時間，債務終於快還完了。他現在只要有空，一個月至少會回來少年之家看看我和淑慧，也看看弟弟妹妹們。我曾建議過他乾脆就回來少年之家，至少這裡有吃有住，可以幫他省一點，債也能還得快一點，但是有骨氣的他決心靠自己努力。一想到他這點，雖然心裡難免感覺酸酸的，倒也佩服這孩子的決心。

前陣子，他又回來一趟，這趟回來是帶著剛交往的女朋友來讓我和淑慧認識。我好感動，我知道少年之家在這孩子心目中的地位。而在小恆艱困的時候還願意與他交往的女孩，我相信，她會是一位很棒的女孩。

案例四：被遺棄的小恩

在少年之家的孩子，許多都是父母離異的狀態，小恩就是其中一位。

由於父母離異，外公堅持要小恩的監護權，因此，爸爸只好帶走哥哥和弟弟，而把他單獨留給媽媽，但因為媽媽必須在外地工作賺錢，便將小恩託給了外公外婆。當時還在念國小的小恩不明白為什麼他要和哥哥、弟弟分開，而且爸媽忽然都不見了，加上那段日子媽媽為了多存點錢，她省下往返的交通費，最久曾經長達四年沒有回家看小恩。

小恩覺得自己是個被遺棄的孩子，開始憎恨爸媽。每當被老師問起父母的職業，他總是答不出來，於是開始逃避，而逃避的方法就是蹺家和逃學。外公送他去學校，才剛下了外公的摩托車，他就從校門旁邊溜走。外公年紀大了追不上他，只好打電話要媽媽回來處理。但對於媽媽的勸告，他總是左耳進、右耳出，滿不在乎。國一開始，他不是跟著其他中輟生跳陣頭，就是去網咖打電動，能不回家就不回家。

由於小恩一再逃學、蹺家，甚至跑去超商偷東西吃，進出少觀所好幾次。他第三次進去少觀所時，法院將他的案子轉介給我，請我評估少年之家是否能收容他。我看了他的資料，覺得這個孩子應該有很高的可塑性，就這樣，小恩成為少年之家的一員。

在少年之家生活的這段時間，我發現小恩開始試著體會媽媽的辛苦和愛。現在母子倆的相處非常融洽，他們會一起出去玩、逛街，還會聊天分享心事。對我來說，只要看到孩子們和原生家庭和好，就是我最大的安慰，以前的一切辛苦都是值得的。《聖經》說：「流淚灑種的，必歡呼收割。」我想，就是這種感覺吧！

案例五：受苦毒的小捷

小捷是少年之家收容的第一批孩子，他和妹妹從小生活在父親家暴的陰影下，幾乎每天都看到爸爸打媽媽。國小一年級，媽媽實在受不了，就和爸爸離婚，帶著他們兩兄妹改嫁。起初繼父對他們還不錯，但隨著他們日漸長大、負擔愈來愈大，開始遭繼父嫌棄是「拖油瓶」，並逼迫媽媽把他們送走。但媽媽很愛他們，選擇再度離婚，獨力撫養兩個孩子。只不過，媽媽的薪水微薄，真的很難支撐一個家。當時國一的小捷很能體會媽媽的辛苦，一心想幫媽媽減輕負擔，卻走錯了方向——他選擇離家出走。

為了活下去，他開始和一群也是中輟生的孩子以偷竊、勒索為生。在一次偷竊失風被警察逮捕，第一次住進了少年之家，那年他十五歲。

兩年後他離開安置機構，回到家裡，媽媽忙著工作自顧不暇，又沒學校可讀，在缺乏約束的情況下，他被幫派吸收，開始在酒店、賭場等場所圍事。有一次為了挺朋友砍傷了人，再度被抓到警察局。媽媽接獲通知來到警察局，狠狠的一句「我沒有你這個兒子」，讓他對家的信任徹底崩解。他想：「當初離開家不就是為了這個家嗎？為什麼媽媽不能了解？」

在少年輔育院關了一年半，出來後卻發現妹妹也離家出走了。面對這個冰冷的家，他感到沮喪失落，再度去找過去道上的朋友。朋友的一劑K他命，讓他在如同酒醉的醺醺然中暫時擺脫苦悶，卻又陷入毒海。接下來，搖頭丸、笑氣樣樣來，最高紀錄曾經一天吸光十三桶笑氣，當時笑氣的市價一桶是三千元。

為了有錢吸毒，他開始幫藥頭跑腿、當詐騙集團車手，什麼錢都賺，只要讓他有毒品可吸。最後他因「毒駕」撞傷人被通緝。二十一歲那年，甚至在詐騙集團的錢上動腦筋，趁著當車手收款之便，私吞騙來的錢，結果被集團逮到，逼著他跳樓以命相抵。周圍朋友知道那個集團素來凶狠，根本沒人敢幫他。這時小捷想起我，雖然對我感到羞愧，但命在旦夕，只能硬著頭皮來求救。我出面幫他協調，最後集團老大終於答應道上的規矩讓我還錢了事。

經歷過這樣的生死關頭，小捷開始決心要戒毒。但原本的家已經回不去了，原本的朋友也不想再接觸，他那時覺得自己很孤獨，我就建議他把少年之家當做自己的家。憑著少年之家同工們的耐心陪伴、孩子們彼此勉勵與代禱，小捷終於把毒戒了。但五年前他又忍不住再犯毒癮，吸了笑氣後開車撞到人，為了讓這孩子不再感到被孤立，我只好摸摸鼻子陪他去道歉和解。

小捷總共花了九年才完全戒毒，九年不算短，至少他願意把自己救回來。但他妹妹的結局就令人不勝唏噓。大概在三年前（二〇一四年），他偶然間提起想找回失聯許久的妹妹，後來也真的找到了，當時妹妹已經結婚且懷著身孕，卻和她先生一起染上安非他命的毒癮。我聽到這消息，真是嚇壞了！孕婦吸毒，不僅害自己，也會害到胎兒！小捷知道事情的嚴重性，力勸妹妹戒毒。但她已經無法自拔。後來妹妹因毒癮發作產生幻聽、幻覺，竟然臥軌自殺身亡！面對小捷的傷心和兩個破碎的家庭（小捷兄妹的原生家庭和妹妹的家庭），除了遺憾，我實在不知道還能說什麼？

尾聲

培力未來

「恨能挑啟爭端，愛能遮掩過錯。」這兩句經節正是我這些年從孩子身上體會到的。隨著歲月的逝去，雖然無法回頭彌補破碎的心，卻能彼此修補。當孩子逃家、輟學、做錯事被關，他們會感到無助、失望，但家長又何嘗不是如此？只不過當自己的人生走到谷底時，千萬別讓親子關係也跟著走到谷底，因為繼續怨恨彼此不僅於事無補，還會將彼此推向更黑暗的深淵。唯有學習愛和原諒，才能彼此救贖。

回想自己過去這十多年來的歷程，與其說我輔導孩子，不如說我在跟孩子們學習。從他們的身上，我無時無刻不看到自己過去的影子——父母因為忙於生計無暇教導，孩子因懵懂無知而犯錯。但在少年之家，我們因為愛而得到了療癒，互相激勵朝正向發展。在陪伴孩子的過程中，為了成為他們更好的榜樣，原本只有國中學歷的我開始去念空大，一路完成了台灣宣教神學院教牧和元智大學社會政策所兩個碩士學位。

而我也讓我的小孩和這群孩子住在一起，因為透過與他們的互動，我更加知道該怎麼教育他們。例如我大兒子兩歲時，正在牙牙學語，有一天我從外面回來，他竟對我比中指並說「幹！」。我嚇了一大跳，趕緊叫來大家，問清楚是誰教的。後來我告訴他們，要用愛來教弟弟，就像我教他們的方式一樣，不然弟弟會像我們過去一樣，那很可憐的。我告訴他們，應該要教弟弟比大拇指說「讚」，因為小孩子就像一張白紙，你給他什麼訊息，他會照單全收。果然，自那之後兒子再也沒比過中指了。

當然，對我的孩子而言，從小生長在這個超大的家庭中，認知自然與一般的孩子不同，而這也是一個有趣的體驗，例如有一次，大女兒的班導師打電話給我，非常迂迴且婉轉地詢問我有關大女兒的精神狀況。起先我不太明白導師的意思，旁敲側擊後，才明白原來那天的作文課題目是「我的家」，女兒就寫她有爸爸、媽媽、十二個哥哥和一個弟弟。老師起先以為我和淑慧是再婚而且年紀很大的人，可是檢視了女兒的家庭背景資料後發現又不是這樣，因此老師懷疑女兒的想像力是不是太豐富……？我聽完之後覺得有點好笑，便跟老師解釋了我的工作性質，她才明白女兒為什麼要這樣寫。

從這個有趣的小插曲可以看出來，對女兒來說，這些孩子們就是她的哥哥、她的家人。我感到很欣慰。

少年之家發展至今，神帶領我們看見了自己仍然不足之處，接受輔導的孩子們就算與我們的感情再好，最終還是得回到自己的家，回歸社會的運作機制。但社會是現實的，儘管孩子們自己有所改變，很多時候卻無力改變他們的家庭狀況。因此對我來說，讓孩子回家之後有足夠能力面對挫折以及足夠能力自給自足，這才是成功的輔導個案。

而在心靈層次部分，我能送給他們最好的禮物，就是讓他們知道，當他們結案離開這裡、遇到困苦難過時，他們可以回到這裡，我和輔導員都會聽他們訴苦、為他們禱告，這些也是身為輔導員的我們所能做到的。

至於生活現實面，該怎麼提供給孩子們一根好的釣魚竿，讓他們能夠經濟獨立，是很重要的後續工作之一。成長過程裡，錯過讀書升學的機會、缺乏顯赫的學歷，是這些孩子的弱勢，但他們四肢健全、肯學肯做，卻是神給的最大恩賜與優勢。

目前我們正在進行的培力計畫以及募資籌建的飛行少年之家，都是培養孩子一技之長、提供他們工作機會的重要計畫。例如，培力計畫以目前的「大改樂團」為核心，朝向幕後服務發展。樂團每次演出，別看台上只有五到八位成員，其實幕後至少有兩倍的人力在提供相關服務，從器材搬運、音響、燈光、布景、服裝、髮妝等，沒有一樣不是專業。所以，培力計畫的第一步就是透過一對一的師徒制，培養演藝舞台設置人才。

但並非每個人都對演藝相關工作感興趣。少年之家的孩子除了在「大改樂團」大展長才外，還有很多在其他領域都很傑出的孩子，有的領過總統教育獎，有的考取資訊技術士、記帳士、廚師、網頁設計、工業電子、電腦硬體裝修及生活輔導員等證照，他們參加各項競賽獲得的獎盃，更是把少年之家擺得滿滿的。因此，培力計畫的第二步就是協助孩子們發展其他專業技術。對少年之家來說，發展技職培育機構將是未來長期的發展目標，也就是飛行少年之家的藍圖。

⚜

經過長期的耕耘，少年之家算是苦過來了，我、淑慧和少年之家的孩子們都熬過來了。雖然我們夫妻倆和孩子們都曾經想過要放棄，但總在我們即將放棄的當口，又再度讓我們看到一絲曙光，讓我們再度燃起希望，繼續用我們的生命去影響生命。冥冥中，上天的安排似乎就是不要讓我們停下來！我也祈求我們的神，就像祂一向疼惜我們一般，疼惜更多迷失的孩子，引領他們走出黑暗！

國家圖書館出版品預行編目 (CIP) 資料

下流青春：走過上癮地獄的大改人生 / 張進益口述；
孔繁芸撰文 . -- 初版 . -- 臺北市：遠流，2017.05
面； 公分
ISBN 978-957-32-7990-7(平裝)

1. 張進益 2. 臺灣傳記

783.3886 106005568

下流青春

走過上癮地獄的大改人生

作者／張進益　撰文／孔繁芸

執行編輯／陳懿文
封面設計／王小美、郭幸會
內頁設計／陳春惠
彩頁照片／張進益、GOOD TV 提供
行銷企劃／盧珮如、鍾曼靈
出版一部總編輯暨總監／王明雪

發行人／王榮文
出版發行／遠流出版事業股份有限公司
地址：104005 台北市中山北路一段 11 號 13 樓
郵撥：0189456-1
電話：(02)2571-0297　傳真：(02)2571-0197
著作權顧問／蕭雄淋律師
2017 年 5 月 1 日　初版一刷
2023 年 4 月 30 日　初版十六刷

定價／新台幣 280 元（缺頁或破損的書，請寄回更換）

ISBN 978-957-32-7990-7

遠流博識網
http://www.ylib.com　E-mail:ylib@ylib.com